孤岛狂欢

网络空间的粉丝文化

李 彤◎著

中国人民大学出版社
·北京·

谨以此书，献给我的父母和爱人。

推荐序

田　丽[①]

自媒体"流量为王"的时代造就了现今规模化、组织化、制度化、功能化又带有攻击性和偏激性的饭圈群体，高额集资、舆论混战等饭圈乱象亟须规范化治理。本书梳理了饭圈文化的发展历程，重点介绍了粉丝类别、粉丝日常行为和应援文化、粉丝群体的逻辑架构、沟通机制、心理活动、利益联结等方面，并深入解读和剖析了平台在饭圈乱象中所发挥的作用和治理的责任边界，有一定的学术研究价值和意义。

饭圈文化在以青少年为主体的追星行为中形成，"资本＋流量明星"的模式肆意扩张，促使青少年崇拜偶像的个体行为转变为组织化群体行为，他们投入大量的时间、精力甚至高额的资金为偶像

---

① 田丽，北京大学新媒体研究院副院长、博士生导师。

应援助力、争夺网络资源，形成内部抱团紧密、对外针锋相对的态势，有的甚至无视公序良俗、道德规范和法律法规，这对青少年的价值观培育和塑造产生了猛烈冲击，给青少年的成长与发展带来了严重的负面影响。本书认为，饭圈作为新时代重要的信息场域，应当向青少年输出有营养、有价值的内容，避免青少年受到偶像"光环效应"的影响，进而形成外貌至上的错误观念；避免青少年受从众效应影响，盲目遵从饭圈群体的集体决策，陷入盲从权威和偏执极端的陷阱中。

自"清朗·'饭圈'乱象整治"专项行动开展以来，微博、抖音、豆瓣等主流饭圈平台迅速响应号召，从平台自查、自媒体管理、组织治理、健全管理标准等多维度进行排查整改，并加大对刷榜、引战、炒作、造谣等粉丝无端行为的处罚力度。目前，平台享有资本、数据、技术等优势，但治理体系并不完善，存在时效性不足、手段单一、类别同质化等问题，需要与有关部门结合构建多元主体协同治理模式，实现廓清饭圈风气的治理目标。本书提出应多管齐下，积极从平台的自我监管责任、平台对饭圈的价值引导责任、平台对公众的议题设置责任、平台对明星团队的合理规范责任出发，实现"四责共治"；平台在履责过程中要严守隐私边界、资本边界和领域边界，切莫出格。

本书将饭圈常用平台归纳为生产力分享平台、信息分享平台和功能服务平台，平台与饭圈有着深度的利益联结，给饭圈的日常活动提供物质基础，在饭圈的集体磨合、集体兴奋和社会感染进程中发挥了聚集、组织和凝聚的重要作用。饭圈治理的规制策略值得深入分析，作者提出的"事前准入：制定准入门槛，实施分类管理—事中监管：技术智能监管，双向声誉管理—事后惩处：明确惩处边界，完善治理生态"治理模式，为政策制定者提供了具有建设性的治理路径。

本书的作者很年轻。青年学者在科研路上需要保持脚踏实地、勤勤恳恳的治学态度，刻苦钻研、求真务实，胸怀天下、志存高远。青年学者的学术生涯是在细分领域的深耕，容不得半点马虎。这份精耕细作在信息碎片化流动困局中显得尤为珍贵。对媒介和传播规律的探索，是对现代瞬时生活场景的抽象和归纳。互联网技术的蓬勃发展让人们看到了社会延展的可能性，将这背后的机理、交互作用和未来发展方向提炼成具有普适意义的方法论是学术研究的关键。这需要在理论上拓宽视野、做出新概括，在深入分析思考上下功夫，去粗取精、去伪存真，由此及彼、由表及里，找到事物的本质和规律。科学研究没有尽头，要追求知识和真理，更要结合实际、寻求实效、指导实践。

本书就是这样一部具有实践价值的力作，有助于广大读者和研究者深入了解粉丝社会和饭圈文化，对加强青少年思想引领、强化社会主义核心价值观教育具有一定的启示。本书对饭圈理论体系做了深入浅出的解读，为平台规范化治理提供了实现路径，以期引发社会更多的思考和关注。

自　序

　　出版在即，看着自己的所见所闻和所感所想即将以纸张为载体与读者见面，内心是振奋而忐忑的。《孤岛狂欢：网络空间的粉丝文化》是笔者的处女作，初稿完成于 2020 年，修改于 2021 年，作为"少作"，尽管它显得有些稚嫩、不尽规范，但字里行间却充满生机、意气风发。

　　粉丝研究作为当下文化研究的热门议题之一，在众多前辈的奠基下，已经具有了深刻的学术意义，本书试图补充参与式观察中的实践材料和观察实录。本书从 2016 年笔者的追星经历起笔，"追星"对笔者而言是一项融入青年潮流并以此获得群体归属感的兴趣爱好。在本科阶段，笔者与同样有科研兴趣的好友曾辰和郑江浩商议后，决定将粉丝群体的日常行为及心理动机作为研究选题。这是笔者第一次正式地进行科学研究，是笔者首次涉足粉丝研究，也是笔者第一次梳理自己对粉丝文化的思考，再次感谢本科阶段的两位好友对本书的贡献。2019 年夏，在经过将近三年的深入参与式观察和深入调研后，笔者于暑假期间进一步深化了对粉丝文化的思考，书稿初具轮廓。2021年，中央网信办启动"清朗·'饭圈'乱象整治"专项行动。乱象频发的饭圈和饭圈"出征"事件让笔者意识到，在标签化、圈层化、娱乐化的饭圈框架下，青少年趋向于简单化和二元化的思考模式，在面临宏大议题时易采取轻薄化的处理方式，因此，对饭圈的规范和治理刻不容缓。

本书一共有九章，分别介绍了追星态度、粉丝类别、媒介活跃平台、粉丝日常行为、粉丝应援文化、同人文化、理智边界、心理机制和社群运营等，并从平台的角度阐释了打击饭圈乱象的治理合力，附录"访谈手记：秀粉的生存指南"结合三位秀粉的深度访谈进行人物描写，介绍了三种典型的秀粉心理。受观察主体所处时空限制，本书没能尽善尽美地、全景域地展现粉丝文化。书不尽言，言不尽意，文字所表达的观察是静态的，而文化思潮的涨落却是动态的。

本书的主标题为"孤岛狂欢"。粉丝在网络空间中以趣为缘，抱团聚集，仿佛汪洋中的一座座孤岛，通衢广陌，难以至之。选择"孤岛狂欢"这一说法主要是为了描绘饭圈的区隔性和狂欢精神，但粉丝果真如困于孤岛一般末日求生吗？饭圈果真就与世隔绝，难以触及吗？在深度观察后可以发现，饭圈语言和行为规范的确提高了圈层准入门槛，但饭圈经验的"破圈"已然成为常态（如帝吧出征、外网舆论控评等），饭圈的渗透力和扩张力可见一斑。

在枯燥的撰写过程中，笔者也感悟到了微末的治学道理："九层之台，起于累土"，只有保持稳定的输入、输出习惯，给予思想自由驰骋的空间，才能保持好奇心和探索力。撰成此书，首先要感谢导师田丽副教授和编审曹沁颖老师，正是在两人的鼓励和指引下，笔者才能坚持不懈。严谨负责的田老师在撰书过程中给予笔者悉心的指导，特别是对粉丝类别、平台治理等内容提出了宝贵的意见；细心专业的曹老师就完善本书给予笔者修改意见，从书名到文章细节，曹老师精益求精的辛苦付出凝聚在本书的方方面面。在此特别感谢田老师和曹老师为本书顺利出版所付出的心血和汗水。在写作期间，与本科时期的好友共进的画面历历在目，与曾辰、郑江浩两位好友就粉丝问题的讨论宛如昨日，与庞菩、王东雷、李蕙桐、林松、余静寒等密友组成的"追星者也"的小组实践依然清晰，可以说，如果没有大家的支持和鼓励，本书就难以诞生。更需要感谢的是笔者的父母和爱人，种种压力加身，在负重前行的路上因有他们而意义非凡。

作为粉丝研究的浅尝者，笔者对粉丝文化的研究还不够全面深入，是以挂一漏万，略述大端，敬请各位前辈不吝赐教。真理很远，迈出第一步，它才会开始变得越来越近。

目　录

第一章
你喜欢钓鱼，我喜欢追星

狂热迷恋不是现代人才有的情感寄托表现，对才华横溢、面容姣好之人的崇敬仰慕自古有之。

《世说新语》中就记载了"看杀卫玠"的逸闻：卫玠以貌美闻名于世。一次，卫玠从豫章行至下都，久闻其名的看客纷纷走上街头形成人墙，只为一睹卫玠的风采，体弱的卫玠不堪疲惫，最终患病而死。

无独有偶，潘安和张载也因为外貌差异得到了截然不同的看客待遇。《语林》中有这样的记载：潘安相貌端正，每每上街，老妇都会向其车驾投掷瓜果，瓜果满车，一路飘香；张载相貌丑陋，每每上街，顽劣儿童就会向其车驾投扔石块，归家之时，瓦砾石块也有满满一车。

乍看之下，古人的"追星"方式同样以围观、"打赏"为主，相貌是重要的品评标准。当然，才华粉同样疯狂。唐朝隐士魏万，不远千里，出山寻君，只为见诗人李白一面，表达自己"君抱碧海珠，我怀蓝田玉；各称希代宝，万里遥相烛"的崇敬之情；街卒葛清，因极度敬仰诗人白居易，"自颈以下，遍刺白居易舍人诗"，人称"白舍人行诗图"；汤显祖的痴心女粉，"自矜才色，不轻许人"，非汤显祖不嫁，不远万里"愿奉箕帚"，但见到汤显祖本人后，发现偶像竟然是一老翁，"皤然一翁，伛偻扶杖而行"，终投湖自尽。往日的追星逸闻主要是为了衬托被追求者的才貌，对逸闻主角的身心健康并不关注，而极端的追星行为会带来严重的生理和心理伤害。

明清之后，追星者得到了更多的社会关注。清代书画大家郑板桥崇敬青藤老人徐渭，愿为"青藤门下走狗"，"走狗"也逐渐演化为狂热忠诚信徒的代名词。民国时期，捧角儿是社会热潮，捧角儿有着固定的组织，会自称为"×党"，如梅兰芳的粉丝为"梅党"，尚小云的粉丝为"白党"。拖家带口前去听戏极为常见，待到自己捧的角儿登场，捧角儿者及其家眷立刻齐声叫好，营造万众期待、震耳欲聋之势；戏份到了关键时刻，捧角儿者就会带头鼓掌、提前叫好。只听一人戏，只捧一角儿场，更是民国时期捧角儿者的信条。

古往今来的极端爱慕之情，都可以总结为"不计代价的爱"和"不容异己的排他"。近年来，这种自由的情感表达在大众媒体的妖魔化描述中带有了反叛色彩，"追星族""粉丝"几乎可以和不务正业、游手好闲画上等号。某明星粉丝事件在传统媒体的渲染下，让大众把追星和家破人亡联系在一起；一些选秀节目让"粉丝"的概念深入人心，粉丝们纷纷走上街头，短信拉票、亲友上阵，初代粉丝的初始疯狂露出端倪；韩流偶像及应援文化的国际化传播给本土粉丝提供了行为示范，粉丝有了更加系统的行动指南；一些偶像团体的爆红让网民在自由的网络空间得到了一种宣泄机会，低龄的追星族和狂热的情感状态让网民更加相信"脑残"才是粉丝常态。当被问起：粉丝究竟是什么？他们所作所为的心理驱动是什么？究竟对这一群体有怎样的了解？屏幕背后的网民却并不能清楚地说出个一二来。如果想拥有批判的权利，请履行了解的基本义务，对任何群体的批判都需要建立在对群体的了解之上。

对于"饭圈"之外的很多人来说，粉丝是一个令人倍感陌生的群体。普通人通常是通过媒体报道来构建自己对粉丝群体的认识的。在媒体报道中，媒体呈献给大众的粉丝群体形象具有歇斯底里、迷失自我等特点，在有限的篇幅里粉丝被描述成为了见偶像一面一掷千金，在偶像生日的时候集资"放卫星"，为偶像坚持签到、打榜、刷数据……甚至有人会认为粉丝的行为是"社会紊乱的心理症候"（刘燕，2010）。值得注意的一点是，媒体是无法将错综复杂的粉丝生态浓缩在短短几百字的报道中的。局外人既意识不到媒体报道的局限性所在，也没办法获得最直接的亲身体验。于是，局外人普遍选择了一种最武断的做法，即直接将粉丝群体定性为一个"病态"群体。在参与式观察中，我们发现很多粉丝在现实生活中会遭到很多误解，为了追星经常请假的同学被看作有心理疾病。

人们对粉丝的误解其实是普遍存在的。在《公众舆论》一书中，李普曼认为现实的复杂性让人们没有办法直接理解周围的世界，所以人们就会倾向于将外部世界进行简化，为具有相同特质的人塑造出一个统一的形象，即"刻板印象"。这也是为什么社会大众创造了"脑残粉"这个词。由于普通大众将粉丝这个亚文化群体看作一个病态群体，很多粉丝在日常生活中，即使不会刻意隐瞒自己追星的爱好，也并不会向外界过分宣扬自己的追星行为。他们会选择将自己的讨论限制在一个可以相互理解、相互尊重的小圈子中。也因此，很多粉丝为自己创造了现实世界之外的第二重身份——"追星族"。外界的不理解和刻板印象也反过来使得这个小圈子中成员之间的关系变得愈发紧密。这也就决定了追星注定会是一场群体狂欢。很多粉丝将追星看作重要的社交渠道，没有陪伴、独自一人的追星经历会被戏称为"孤狼追星"。"如果你一个人去跟机就不好玩，要跟朋友一起去……'孤狼追星'，就是一个人，很惨的。"还会出现因为某位偶像粉丝数量较少、粉丝之间无法互动，粉丝最终"脱粉"的现象。"追现场有朋友一起去会比较开心……有的'爱豆'追不下去就是因为碰不到同好。一个人追星很孤独，就放弃了。"由此可见，粉丝圈层的内部结构值得深挖。

下面，我将讲讲自己的追星故事。

我在 2016 年试图成为一名粉丝，"试图"一词表明了我强烈的群体融入欲望。刚刚进入大学校园，高中鲜明的集体归属感在大学自由的校园中很难获得，同专业同寝室的同学也有自己的独特课表，"集体"似乎离自己越来越远。自由的大学氛围又带给我反叛精神，找到一个大众最不理解的"亚文化"群体，正好可以同时满足自己的融入欲望和叛逆思想。《街角社会》一书也带给我极大的震撼，我发现原来学术研究还可以这样做。于是，我决定努力成为一名粉丝。我按照自己的审美偏好和叛逆心理，选择了一名当红但并不被大众接受的偶像，规劝自己，努力成为一名他的粉丝吧！

这种看似"强加"的情感，很快在自我催眠和深入了解中变成真诚的主观情感表达。"粉丝"这个概念对于我而言是完全陌生的，陌生带来的巨大新鲜感和偶像完美容颜带来的强烈视觉冲击，让我在初始阶段陷入异常兴奋的心理状态。准确地说，那时的我并不能称为"粉丝"，我和粉丝这一群体还有着遥远的距离，对他们的认知只是停留在媒体塑造的印象标签上。一群人的自嗨是如何成为一种类宗教程度的追捧的呢？兴奋的新鲜感过后就是深深的迷茫。在融入粉丝群体过程的初期，最为重要的就是观察。控评？打榜？签到？打卡？站姐？从何下手，何去何从？加之粉丝的独特语言体系，让观察的难度加大。初期是完整的学习过程，学习粉丝行为守则、日常行为习惯、语言习惯等，我在学习和观察中加深了对粉丝群体的了解，也加大了对偶像的情感付出。摸清门道后，我决定主动向更高阶的粉丝层级晋升。受专业技能限制，我无法成为独立的专业粉丝大大，我试图成为粉丝站子①中的工作人员。进站后，我真正产生了明确的归属感，对粉丝力量和粉丝社群有了实感体验。在站子的一年多时间里，我见证了很多超乎想象的粉丝应援，他们包下时代广场给偶像做大屏广告、包下水立方外屏给偶像庆生、用偶像的名字给行星命名等。彼时，我已经对粉丝自治组织的架构和运作有了初步了解，这些成果的冲击让我对粉丝产生了由衷的赞

---

① 站子是指粉丝社群中的非官方自治组织，详见第二章。

叹。但成为粉丝让我不仅感受到了光鲜靓丽，还有恐惧和触犯底线的体验。

　　追星经历初期，我被粉丝之间密集的"打嘴仗"震撼到了，短短几个月就经历了不下百次的粉丝混战，这种密集的戾气环绕让身处其中的粉丝很容易负能量满满。尤其对于新粉而言，他们并没有准确的粉丝行为判断。我当时就是把每一次"打嘴仗"都当作"世界大战"一样紧张对待，在压抑的粉丝戾气中挣扎，殊不知这其实是大粉的日常宣泄或粉头的虐粉策划而已。随着自己的追星经历不断丰富，我在组织内部的地位也不断提高，渐渐地，我可以接触粉丝圈层的核心领域了。在这一阶段，追星不再是我谋求归属感的手段，我已经在情感付出和经济付出中牢牢夯实了对偶像的爱。就像灌注模型，起初我搭建好模型架构，在每一个细节都标注好应该付出多少剂量的爱，但随着情感的浇灌，情感走势已经难以靠理智控制，我在浓浓的"自我感动"中逐渐沦陷。粉丝圈层的核心领域，众生百态尤为清楚：有的粉丝把追星当作自己的心机角斗场，即使喜欢的是同一个偶像，但分属不同组织，那必然存在利益权势争端，今天几个站子联合讨伐后援会试图夺权，明天站子之间互爆丑闻抢夺粉丝关注；代拍①丛生、不负责任的站姐②出周边圈钱，获得金钱利益反而成为一部分职业追星者的真实目的；私生饭③无孔

---

　　① 代拍是一种追星乱象，有专人以替代粉丝拍摄偶像照片为职业，详见第七章。

　　② 站姐是站子内部的主要负责人，详见第七章。

　　③ 私生饭是一种非理性、不健康、没有理智边界的失控群体，热衷窥探跟踪偶像，是粉丝内部的病态群体，详见第七章。

不入，严重影响偶像的日常生活，心理扭曲的私生饭还经常造谣生事，需要真爱粉一次次洗地。繁重的追星压力让我逐渐封闭社交，将生活全部集中在"追星"这件事上。理智告诉我这是完全错误的，但"自我感动"却把我牢牢地捆绑在粉丝位置上。躁郁情绪就在那时找上门来了，我对现实生活完全提不起兴趣，即使我知道我的付出在偶像看来毫无价值，我应该专注于现实生活，做回阳光快乐的自己，但却无法割舍虚幻世界里使人精疲力竭的付出所带来的快感。对自己的失望和对未来的焦虑，让我在自我认知中愈加迷茫。"回到现实中来吧！"在和心理医生进行交流过后，她给我提出了诚挚的建议，我试着关闭手机回归正常生活一天、三天、一周、一个月。在虚拟世界中，并没有追星姐妹急迫地追问我的下落，粉丝社群依然运营有序，偶像也没有因为我的缺席失去什么。我终于发现，偶像从来不是缺我不可！追星最为重要的是保持清醒的现实认知，这只是一个爱好而已，并不值得我牺牲全部的生活。

在"现充"了很久之后，我对追星的态度趋于平静，既没有了抵触心理，也没有了之前的热忱。对我而言，虚拟社群的吸引力已经大幅减弱，被神化的集体创造力再也无法震撼到我。粉丝群体之间的争端我也尽量避而远之，只是单纯地回归偶像本身，欣赏歌舞表演，将追星这一行为彻底地当作生活的调剂品，在压力较大时听听歌、看看舞蹈表演，虽然这种追星模式被批判为"白嫖"，但每个人的选择各异，并非哪种追星方式就一定是高贵的。在自己的能力范围内，不影响自己的学习与工作、不给家庭带来巨大经济压力、不给自己带来沉重的心理负担，做出自己的选择，可以对自己负责，这就是最适合自己的。

不同于退休老大爷喜欢下象棋、钓鱼，大妈喜欢跳广场舞，追星更像是一群精神生活较为空虚又想追逐潮流的年轻人聚众消遣的方式。不应该将其神化，也没有鄙弃的必要。但需要注意的是，追求爱好不能以牺牲现实生活、危害公共利益为代价。追星对于很多年轻人来说，是他们走出象牙塔感受众生百态的渠道之一，这其中有善也有恶，理性判断和道德标准永远不应该丢弃。

第二章
粉丝类别

　　较长一段时间以来，粉丝一直被公众、媒体和学界认为是一个病态群体，或是带有青少年反抗特质的亚文化群体。基于这种认知的粉丝心理分析也往往带有病理诊断的意味。但事实却是，当代大众文化视域下的粉丝行为早已不是一种小众的实践行为，而是自由社会中的一种普遍行为。

　　2021年6月，中央网信办决定在全国范围内开展为期2个月的"清朗·'饭圈'乱象整治"专项行动，重点围绕明星榜单、热门话题、粉丝社群、互动评论等重点环节，全面清理"饭圈"粉丝互撕谩骂、拉踩引战、挑动对立、侮辱诽谤、造谣攻击、侵犯隐私等各类有害信息。以青少年为行为主体的追星在自由的网络环境中进入了野蛮生长的阶段，现阶段的粉丝圈层具有野蛮、失序、混乱等特点，那这种混乱由何而来？粉丝圈层是否毫无可取之处？粉丝文化这一亚文化是否严重影响了青少年的健康成长？了解粉丝文化是回答上述问题的关键，也是整治饭圈内部乱象的基础。试图了解粉丝文化，最重要的就是弄明白"粉丝"究竟是什么。而这种干巴巴的概念提问，得到的答案往往不尽如人意，八旬老妪也会给出回答："就是喜欢一个人呗！"那就让我们仔细切割粉丝这一概念，从微观角度入手剖析粉丝的组成结构和群体特征。可以思考以下几个问题：粉丝之间有类别划分吗？不同类别的粉丝含义有何不同？不同类别的粉丝行为、心理驱动、喜好一致吗？

对于大众而言，粉丝这一群体虽不陌生，但很遥远。在普通人的理解中，"粉丝"就是一群对明星着迷的普通人；至于粉丝的内部差异，他们更是从未试图了解过。为了更加清晰地梳理粉丝内部结构差异，可以确定两个划分标准，分别是圈层阶级和性质派系。我将分别从这两个维度切入，探究每一维度下的粉丝内部结构差异和特征异同。

圈层阶级

费孝通在《乡土中国》中将中国的乡土结构类比成石头丢进水里推出的一圈圈波纹，将以"己"为中心和别人联系所形成的社会关系定义为差序格局。这种乡土结构如流水，推及中国社会的方方面面。在粉丝社会中，石头和波纹这组意象具有双重含义。石头更像是粉丝所喜爱的明星，一圈圈波纹则代表了不同程度沦陷其中的粉丝。传统的差序格局具有伸缩能力，"粉都"（fandom）也会随着核心"石头"的影响力有着不同波及范围的圈层格局。约翰·费斯克（1992）认为粉都是工业社会中通俗文化的普遍特征，粉都往往与主流价值体系之外的各种文化形式有关，包括流行歌曲、言情小说、漫画以及大众明星等。简单地讲，粉都是去权化（disempowered）的人群集合，粉都文化是这一群体所创造的具有特定符号和生产及流通体系的粉丝文化。当粉都核心的社会影响力较小时，推出的水波就相应地等比例缩小，但波纹的层级规律和完整程度不会跨越式伸缩。意象组合的另一层含义则和粉丝个体相关。每一个体由于存在性质差异，会拥有不同的粉丝圈子，在每一个圈子中都会存在以"己"为中心的可伸缩格局。格局之间的交错重叠，决定了粉丝个体在不同圈层的位置。

　　每一粉都在互联网世界中都有这么一个以圈层阶级为框架布出去的网，但没有一个网所覆盖的范围是完全相同的。随着粉丝文化的逐渐成熟，在东亚粉丝亚文化背景下的粉丝都可以用同样一个体系来标记不同的粉都阶级，相同的只是体系定位罢了。圈层阶级是在不断发展的粉丝文化中沉淀的，也是由粉丝经济生态链决定的。由于明星势能不同，每一个粉丝圈层的波纹能量不甚相同，但体系的完整程度大体是一致的。进一步说，不同明星的粉丝圈层生态体系是一致的，然而能量和范围却没有完全一致的。因此，以粉丝圈层关联所形成的社会关系网络为例，每一个网络都有"明星"中心，但各个网络的势能不同。

　　具体来说，此类圈层的格局可以大致划分为五种进阶形态。石子投下后水面的波纹并不是层层分明的，此层与彼层的界限并不分明，旁观者只能从波纹顶峰入手。进一步说，属于同一粉都的粉丝个体之间并没有泾渭分明的界限，但就粉丝群体整体而言，每一圈层都有着不同的特征。

路人

旁观者可以被定义为"路人"或"吃瓜群众"，也就是波纹没有涉及的区域。"路人"这一概念，特指那些对明星动态秉持旁观态度但并不冷漠的网友；"吃瓜群众"则是指对明星八卦更加关心、有看热闹心态的网友。路人的态度是暧昧不清的，从深层次来讲，这部分网友并没有主动跟踪明星全部动态的心理，往往是被动地获取琐碎消息。被动获取是互联网资讯膨胀的结果，膨胀爆发的不仅仅是明星自身的资讯，还有和粉丝行为相关的消息。长此以往，路人会渐渐对明星产生微妙态度，要么是产生好感成为"路人粉"，要么是烦躁不解成为"路人黑"。

"瓜"一开始指代瓜子。在网络贴吧中，发帖人发出热议的帖子后，会吸引很多围观的网友。这部分网友与事件无关，但有很强的事件参与意识，他们就会在帖子下方留下"前排兜售瓜子""前排吃瓜子""瓜子小板凳准备好了"等调侃话语。网络社交从论坛、贴吧兴起，在微博、微信中壮大，此类网络用语也不断演化，"吃瓜子"的围观网友逐渐精简成"吃瓜群众"。

用粉丝语言来解释，吃瓜群众和路人的多少以及他们参与讨论的热烈程度，在一定程度上代表了明星的国民度，即在非粉丝人群中的知名度和议论度。这一部分群体并不出现在水波当中，但仍然是粉丝圈层的重要部分。很多人认为粉丝是在孤岛上狂欢，不需要他人判定，不受他人影响。但事实上，粉丝的很多行为是在讨好明星和路人。讨好明星可以理解，是出于喜爱和被关注的渴望。讨好路人又是为什么呢？粉丝将自己的行为与明星印象挂钩，在他们看来，自己的一言一行具有代表性，是明星自我意识的延伸，只有自己行得正、坐得端才能给明星印象加持，才会提升明星的国民度，提高路人的好感度。因此，粉丝不是在孤岛上狂欢，而是舞台上纵情歌舞的演员。当自己的卖力表演得到外界认可时，路人便转化成"路人粉"，吃瓜群众的恶意调侃越来越少，他们的存在才更有意义。

舔屏党

真正属于水波推及的圈层是从"白嫖""舔屏"粉丝开始的。"白嫖"一词虽有粗鄙之感，但在饭圈内部人士看来话糙理不糙。该词最早是指嫖客不给钱吃"霸王餐"，2013 年之后流行于饭圈，特指那些不为喜欢的明星花钱（买专辑、买代言产品等）、不为偶像做事（评论点赞、打榜投票等）的部分粉丝。"白嫖"在粉丝语言中经常被缩写为 BP。这个称呼是具有明显贬义色彩的，这也预示着他们在饭圈中极易受鄙视的命运，"BP 没人权""BP 没资格说话"等口号在饭圈中如雷贯耳。

"舔屏"，生动地描绘出这部分粉丝的日常行为：跟踪资讯—下载资讯—对照片犯花痴—结束。他们究竟有哪些在其他粉丝看来无恶不赦的行径呢？他们会欣赏偶像的日常路透照片，他们会关注偶像的影视作品，他们会在偶像取得荣誉时欢呼雀跃，这些行为在普通人看来是极为正常并符合大众心目中粉丝行为准则的。实际上，正是他们这种不费心力获取追星快感还时刻标榜自己是粉丝的轻松态度，惹怒了其他"兢兢业业"的粉丝群体。在饭圈资深人士看来，"追星不努力，就是在后退"，这种努力与"有钱的捧个钱场，没钱的捧个人场"有异曲同工之意。在他们看来，"白嫖"粉丝就是既不捧钱场又不捧人场，还站在高地上将一切看尽了的无情看客。"其实他们这种行为，悄咪咪暗地里进行了，并不会有多少人骂他们，毕竟每个人选择不同，但是你不要出来指手画脚呀……"（摘自访谈）这类粉丝对偶像的相关事宜并没有什么作为，但是会以粉丝身份标榜自己，在偶像取得成绩时试图分得粉丝努力中的一杯羹，甚至会对饭圈新策略指手画脚。虽然这一圈层被粉丝群体百般嫌弃，但其壮大也预示着偶像的知名度提升和被接受范围逐渐扩大，更重要的是，这部分群体并不是冥顽不灵的，在饭圈的反复"教育"下，部分人会向前进阶。这一圈层与路人的明显差异是，在获取信息的意愿程度上，他们已经拥有了获取资讯的主观意愿，对偶像的关心和喜爱虽然只停留在屏幕层面上，但在大众看来他们已经属于粉丝范畴。

真情实感散粉

相较于白嫖舔屏党来说，真情实感散粉这一圈层的粉丝明显更受粉丝群体的尊重和喜爱，在规模上也是最为庞大的群体。"真情实感"在粉丝语言中常被缩写为 zqsg，字面意思是指对偶像不掺杂任何复杂想法（如私下联系、跟踪日常等），对追星也没有谋利这种特殊想法。"散"则是对这一群体的组织形式的定义。他们大多不属于任何粉丝组织，在饭圈中属于被号召和被鼓舞的"乌合之众"。虽然同属饭圈边缘，但这部分粉丝和路人一样属于粉圈核心努力讨好的受众。他们在积极主动地获取资讯的同时，还会不遗余力地花钱或打榜投票。对于更为核心的粉丝来说，有真情实感的追星散粉是他们的服务对象，也是粉丝圈层中最为厚实的中坚力量。石子投入水中，波纹有深有浅、有轻有重，乡土结构中亲疏有别，粉丝当然也是亲厚有差。他们在粉丝群体中之所以有着较高的地位，一是因为他们行为端庄，二是因为他们感情纯粹。这种不越线、不逾矩的粉丝在偶像看来也是最符合粉丝行为准则的。因此，这一部分粉丝也被纳入广义的铁粉范围内（在饭圈看来是这样，但实际上对于大众而言，粉丝群体是没有什么界限的）。

粉丝大大

更加靠近核心的圈层是粉丝中相较而言更具有话语权的群体，可以称之为"粉丝大大"。"大大"一词在我国方言中多有大伯或父亲的含义，在网络语言中则源起于漫画论坛。在早期互联网世界中，人们多会将具有超强能力和更大话语权的网友称为大人，后期亲昵地称为"大大"。在粉丝文本生产领域上（例如，网络同人文、漫画、视频制作），女性生产者还会被专称为"太太"。在互联网环境中，小透明（散粉）一般会根据组织规范和内容生产两个类别对粉丝大大的身份进行细分。组织规范类的粉丝大大是指他们现在或曾经从属于某一个粉丝组织，为饭圈结构和运作做出巨大的制度规范贡献，依靠威信获得了较大的话语权。这类粉丝群体具有明显的边界性和信息迅达性。对于群体而言，具有话语权的粉丝大大数量有限，他们彼此相熟，具有明显的排外性。成为组织规范类的粉丝大大是需要历史印证的，开山元老数量有限，他们大多在过去的历练中拥有丰富的话语指挥经验，对粉丝群体的运作具有成熟想法。同时，他们还具有普通粉丝无法掌握的迅达信息，很多粉丝大大的消息比官方信息还要及时、准确，这是因为他们将大量时间和精力投入"追星"当中，在很大程度上相当于偶像的"野生经纪人"，可以综合多个渠道第一时间获得新鲜资讯。群体性质决定群体特征。他们的传播语言也具有鲜明特征，往往带着不容置疑的权威性，同时还具有鲜明的个性特征。例如，有的粉丝大大有着绝妙文笔，在煽动人心方面可以轻易实现共情状态；有的粉丝大大极具条理性，在圈层与圈层的比拼（往往是言语纠纷或者打榜投票）中，能够清晰地指挥；有的粉丝大大则是具有个人语言特色，例如很会"抖机灵"，通过口语化的语言运用为饭圈带来欢乐。组织规范类粉丝大大是散粉追捧的核心之一，紧跟步伐、服从指令，就能成为粉圈当中最符合行为准则的"优秀粉丝"。

另一类粉丝大大则是从内容生产的角度进行判定的。粉丝文化是大众文化的一部分，和官方文化之间是"影子与本体"的关系。粉丝文化内容生产以偶像为核心，采用小说、绘画、音乐、视频作品等多种形式进行创作。内容生产类粉丝大大有着不同的名称，如果是擅长同人小说创作，就会被尊称为"太太"；精于绘画的会被称为"大触"；精于视频剪辑和二次加工的会被称为"剪刀手"。具有较强的专业技能，同时保持开放分享态度的粉丝很快就能够聚集大量散粉成为粉丝大大。值得注意的是，这一类粉丝大大很容易形成集群效应。具有相同技能的特殊粉丝很容易被生产出的精致内容和明星同步吸引，例如，某位明星一开始的粉丝大大以几位大触为主，很快他就吸引了更多的大触成为他的粉丝，他的粉丝甚至还有了"饭圈齐白石"的称呼。这是因为，精于绘画的人很容易被优质的画作吸引，在明星个人魅力和粉丝画作的双重吸引下产生一较高下或惺惺相惜的心态。就这样，越来越多的绘画牛人成为他的粉丝，并源源不断地生产优质内容。

无论是具有权威的话语权大大还是精于一技的创作大大，都有稳定的、专属于自己的忠实受众，同时也受他们监督。正因如此，饭圈偶尔会出现大大的心态随着话语权的提升而畸变的情况。在互联网世界，拥有受众就是拥有权力。争端不可避免，他们在粉丝的追捧下，很可能会做出网络暴力、人肉搜索等违反媒介基本素养的行为，也会利用自己的技能和大量受众将内容变现。拥有话语权的大大微博粉丝数量通常在几万到几十万之间，有的甚至高达百万，如此庞大的粉丝基数，要求他们的网络行为具备基本的媒介素养。但事实上，粉丝大大因饭圈内部的口角争执挂出普通人的基本信息而导致网络暴力的现象时有出现。内容变现是新媒体时代文化资本和经济资本相互转化的基础行为，但在粉丝圈层看来，内容生产的主题核心与偶像息息相关，那经济资本和文化资本都必须围绕偶像展开。这种行为在普通粉丝看来，即使内容生产的全部过程都来自大大自己，也是以公谋私的恶劣行径。粉丝大大在获得追捧的同时，也同样受到普通粉丝的监督。普通粉丝对他们的要求自然比对散粉更高一些，体现为在专一度、奉献度和活跃度方面要求更高。他们对偶像的感情必须专一，同时隶属于不同粉丝集体是一定不会被接受的。他们具有极高的奉献度，无论是时间上还是金钱上都要起到先锋模范作用。他们必须具有稳定的活跃度。在部分粉丝看来，当粉丝大大类似一份"全职工作"，需要及时发现并分享最新鲜的资讯，还需要有稳定的内容输出。当然，粉丝对粉丝大大的容错度也较低。"我对你疯狂，你自然要对我负责。"一旦有策略型重大失误，粉丝会很自然地利用互联网媒介平台向相关人员追责。因此，具有高凝聚力的饭圈集体一般都会要求粉丝大大具有高媒介素质、专一无私、话术驾驭自如等特点，多金、资源较丰富等特点更是加分项。这种饭圈内部的自我抉择与班级选择班主任、学校任命校长、市民选举市长相似，也很容易产生类似的效果：学生对学习本身已经兴趣殆尽，但由于喜欢班主任和班级氛围，依旧活跃在班级中。

粉丝组织成员

处于中心的圈层就是具体的核心粉丝组织。粉丝组织在微博平台拥有独立账号，以官方身份和粉丝互动。他们之所以处于核心地位，一是因为部分粉丝组织可以从多个渠道获取官方信息、传达官方意见，二是因为部分粉丝组织拥有丰富资源，三是因为粉丝组织的服务特征明显。具体来说，如果某位偶像即将参加榜单评选，这些组织凭借特殊身份（例如，官方粉丝后援会）可以及时地与偶像经纪公司获取联系，首先会和经纪公司明确榜单意义，然后在粉丝中制定策略、部署战略行动。这种信息传达是促进粉丝与偶像之间双向对话的有力渠道。经纪公司往往只和个别组织保持联系，这种对话在外界看来具有神秘感。在这种对话中，公司或品牌方也会向部分组织倾斜，将一部分资源给它们，例如，演唱会观演名额、活动录制现场名额、代言产品赠送等。粉丝组织也有众多细分类型，其中可以分为官方组织和自治组织两大类。

官方组织就是上文提到的在饭圈中具有绝对权威的核心机构，目前常见的类型有官方粉丝后援会、百度认证贴吧、中文首站、粉丝团等。这类组织内部还有着不同功能的层级设定。管理决策层是头部，人数较少且具有重大决策权。能够和经纪公司取得直接联系的大多是管理决策层，因此他们对饭圈整体负责。在管理决策层下还设有具体的工作小组：文案组、前线组、美工组、视频组、数据组等。文案组主要负责组织日常发微博的文案编排；前线组负责及时反馈偶像活动照片，例如，当偶像参加某个节目录制时，前线成员同样参加活动并拍摄精美照片，并通过粉丝平台传播美图，以此将偶像资讯及时地和普通粉丝分享；美工组主要负责组织内部的视觉设计，包括精修照片、排版设计等；视频组在视频二次创作方面起到主要作用，对偶像影像资料进行搜集和筛选，利用视频剪辑技术进行二次创作；数据组则是互联网催生的特殊模式，衡量偶像的各项指标在互联网环境中明显量化，这也就要求粉丝在日常行为中为偶像数据努力，常见的有转发评论点赞微博、在各个榜单为偶像投票、在超话发帖刷话题阅读量等。

自治组织的具体格局与官方组织类似，在饭圈中常被称为"站子"。在微博上，自治组织的建立并没有数量限制，可能形成上百个粉丝聚集活动站，各个活动站的职能定位各异，有以偶像宣传为核心，发布偶像的活动日程、生活动态，投票打榜歌曲的普通宣传站，有为偶像活动提供线上和线下支持应援的应援站，还有创作或制作以偶像为文本的同人文、同人图、同人音频和同人视频的资源站。微博粉丝站分门别类，功能齐全，各司其职，且都有各自严格的群体规定，俨然一个"小社会"。服务于偶像的自治组织为了更清晰详细地呈现偶像的活动资讯、生活状态，将偶像最好的一面呈现给公众，让偶像为更多人所知，会划分出分工明确的不同类型。"站子"的主要职责包括：发布偶像消息，如关注偶像的相关新闻和线上动态，发布偶像近期活动现场的一手资源，组织线下现场的应援活动（宣传应援站）；打榜投票，如为偶像的歌曲、视频及相关活动打榜投票、制造话题，发布或转发带有偶像话题的微博，给支持偶像的有影响力的微博点赞评论，使微博上有良好的舆论导向（数据组）；净化页面，如消除网络上对偶像不好的消息（反黑站）；转发粉丝二次创作的内容，包括精修照片、精剪视频等（资源站）。为了加强粉丝之间的身份认同感，饭圈中还出现了服务站。服务站是一种粉丝服务组织，是粉丝建立的，具有特殊的职能，从各个方面服务于粉丝团体，包括公益站、法务服务站、学习资料站、周边生产周转站等。这种粉丝圈层内部的服务和活动会催生出个体对社群的认同和归属感，粉丝对付出和收获有着较强的责任和意识的认同。

　　大部分粉丝自治组织都具有制度明确、稳定有序、长期输出的特点。以输出内容为例，无论是输出图片内容，还是做好线下应援，都需要大量的金钱成本。这不禁让人发出疑问，这些组织是如何"自我造血"的？大部分粉丝组织会组织粉丝参与集资，这种集资方式是否合法先不做讨论。在大部分粉丝组织中，集资都是一种具有普遍性的自发行为。即使是官方组织，偶像经纪公司也并不给予任何资金支持，大部分活动的策划和实施都需要粉丝自筹资金。另外，由于具有官方身份，官方组织还拥有了号召粉丝参与集资的特权，而自治组织并不能组织粉丝参与集资活动。所谓散粉集资，是指官方组织在集资平台开通链接（此类平台不限于 Owhat、桃叭等粉丝服务平台），之后在粉丝聚集地发布集资信息，如微博超话等，同时还会通过各种各样的活动号召粉丝参与进来，如定额拔旗（散粉集资超过 ×× 元，有钱粉丝跟投 ×× 元）、参与集资就可以抽卡（一种类似抽盲盒的活动，随机出现的卡片与偶像有关）、群内接龙（集资期间在粉丝社群接力，保证时间无空档）、集资竞赛（选择粉群规模相似的"对家"进行集资金额竞赛，在相同时间内，集资总额高者胜利，输者接受惩罚）。在偶像生日、选秀比赛、购买代言产品等重要节点，粉丝的集资额较大，参与人数超过 2 万，单次集资金额超过百万元，已是常事。以 2021 年一当红选秀节目为例，前三名偶像的粉丝集资总额均在 2 000 万元以上，参与人数均超过 20 万人次，集资活动均在 10 次左右，即单次集资金额约 200 万元，单次集资参与人数在 2 万人次左右。即使是节目决赛阶段的最后一名，集资总额也在 130 万元左右，参与人数约 1.2 万人次。如此大额的集资项目，官方组织是唯一保证者，普通粉丝对官方组织有着极大的信任，打钱给官方组织，官方组织在集资平台直接提现，然后在组织投票、购买奶票、组织应援等方面支出。值得注意的是，会计、出纳、审查等制度并不规范，账目错误是饭圈内相互攻讦的重要原因。

另外，并不是所有官方组织都会开展集资活动，公开集资在某些特定粉丝组织内部甚至是被明令禁止的。"我们家从不搞集资那一套，没必要，有闲钱的几个粉丝就已经能够支撑起应援活动了。"这里似乎存在一条鄙视链，在粉圈中，依靠个别粉丝力量就能实现应援目标是最高级的，粉丝群体公开集资的方式是存在争议的。近年来，随着粉圈文化的不断成熟，越来越多的青年人加入这个看起来光鲜亮丽的圈子，公开集资对没有经济收入的青年人来说会造成家庭的沉重负担，甚至还出现了动用家里买化肥、种子的钱参与集资的事件。关于集资，粉丝组织也保持着模糊态度。在号召参与集资的文案里，"集资"二字会被替换为 jz、橘子、battle 等；在散粉群体中，集资则成为衡量是否对偶像有真情实感的重要依据，"是否花钱"成为粉丝之间相互比较的量化指标。

粉丝组织中的自治组织在没有集资特权的情况下采用了销售周边盈利的方式来"自我造血"。以应援站为例，通过设计并销售与偶像相关的周边产品足以实现盈利。基本的运作逻辑是：应援站与固定画手或设计师合作，设计粉丝日常生活需要的周边产品，如照片集（photobook，简称 pb，其中照片均为应援站独家拍摄）、手机壳、抱枕、日历、水杯、玩偶、服饰等。部分应援站为避免版权问题，并不会直接使用偶像的照片，而是采用二次创作的偶像卡通形象，在设计完成后联系代工厂进行加工，拿到样品后拍照、宣传、销售，普通粉丝购买的往往都是预售产品，虚拟发货后自治组织收到钱款，再交付工厂按照购买量定制产品。这种预售制度可以解决前期资金短缺、难以预估制作数量、后期手中压货等问题，"预售"也体现了粉丝个体对组织结构的高度信任：周边产品的生产周期各异，短则半月，长则一年，粉丝心甘情愿为时间买单。一般情况下，只要定价合理，自治组织都可以从销售周边产品中实现稳定盈利。盈利所得会投入偶像应援活动中，如电影包场、生日应援、公益活动等，大部分自治组织并不会公开账目。在作者和普通粉丝的日常交往中，一部分粉丝能够清楚认识到站子售卖周边产品以营利为目的，但为了使站子能够长期稳定地做好应援工作，普通粉丝就会用"购买"代替支持。官方组织也会采用这种方式"自我造血"。在这一过程中，明星的肖像权是否被侵犯值得深度讨论，明星与粉丝之间的关系也从观看与被观看转为创作与被创作。近年来，某一 CP 站曾在短时间内销售照片集超过 200 万元人民币，这在粉丝群体中引发广泛讨论，成本低廉的照片集带来数百万利润，这一事件最终以退款与侵权争议结束。

　　以上就是从圈层阶级角度对粉丝类别进行的划分，以粉都客体为核心的水波圈层共有五层进阶模式，从路人进阶到白嫖舔屏党主要是受众主观意愿方面的改变，到真情实感散粉则是在投入度和奉献度方面有所改变，再到粉丝大大则是在个人技能和话术驾驭方面更有造诣，最终到核心粉丝组织成员则是依靠超强度的热爱和全身心的投入。

圈层阶级的分析是在纵向上对粉丝投入度和奉献度的全面展示，而从性质派系角度做出的分析则是在横向上对粉丝群体进行认同感、归属感的剖析。圈层阶级是站在圈外人的角度对粉都进行全面介绍，性质派系则是站在粉丝个体角度对参与者心理进行剖析。

性质派系

对于粉丝个体而言，从属于某一圈层并不会带给他足够的归属感和认同感。朱莉·詹森在研究中提及这样一句话："一个碎片化、不完整的现代社会产生碎片化、不完整的现代自我。"寻求心理补偿的粉都在原子化、异化的现代社会需要强大的归属感来排解自身的精神危机。社会原子化差异显著使得传统社群走向衰落，亲戚邻里、宗亲同僚、社区团体中人与人的联系日渐式微。相应地，互联网社区的力量增长迅猛，虚拟社群的发展为一种对碎片化自我的心理补偿。粉丝群体大部分是在追寻现代社会的精神信仰，因此，他们在虚拟社群中对归属感和认同感的要求更高。粉丝从属于同一个性质派系，拥有着同样的行为方式和目标，他们将会产生补偿性认同感。大体而言，可以从性质派系角度将粉丝划分为角色幻想、性别幻想和关系幻想三个类别。

角色幻想

在互联网点对点的沟通作用中，粉丝强烈地幻想自己和偶像之间存在亲密关系，这种幻想在破碎的现代精神世界中异化发展。他们幻想自己与偶像之间存在着亲密关系，甚至幻想出完美人格并以此来要求偶像。角色幻想，是指粉丝觉得自己在与偶像的亲密关系中扮演特定角色，例如，作为偶像的妈妈、爸爸、女友、妹妹等。粉丝一旦产生了类似的虚幻感受，就会在不断的自我幻想中用角色所要求的亲密准则来要求自己和偶像。例如，粉丝将自己想象成偶像的妈妈，在饭圈中就是常见的"妈妈粉"。"我曾经在儿子快要会考的时候去寺庙给他祈福，成绩果真很不错呢。"（摘自访谈）在粉丝心目中，自己内心的虚幻世界会和现实世界有若干联系，自己的角色功能在现实生活中依旧是起到作用的。自己的日常督促、日常关心、角色幻想在真实世界里都会对偶像产生作用。角色幻想是粉丝自我意识的衍生。互联网媒介生态的边界性越来越模糊，全生态的渗透范围也越来越广，在这其中生存的受众很容易忘却彼此的界限。在虚拟世界中对真实关系的不恰当模仿成为个别粉丝的精神替代。以微博平台为例，弱联系存在于平台上的所有用户之中。在网络上，所有用户接收信息都是平等的，这也就催生了众多粉丝以角色幻想对偶像进行轰炸，并将现实生活中细微的偶像变化归因于角色行为。"我就经常在微博上给他留言、发私信：注意保暖、多穿点衣服、多发自拍呀……而他每一次在我发完之后，都会发自拍，我觉得肯定是看到老母亲我了。"（摘自访谈）这种错位的角色幻想在偶像感情生活中尤为明显。部分粉丝认定自己为偶像女友或男友，在真实世界中，当偶像拥有了确切的伴侣时，这部分粉丝会有切实的背叛感和失落感，以至做出非理智的损人利己行为。这种非理性的情感忠诚，是脆弱孤独的现代人被互联网媒介引诱，陷入和偶像的幻想性角色沟通之中，最终跨越了该有的界限，演变为病态，最终对自己的心理造成巨大影响。角色幻想源于心理补偿初衷——从偶像身上弥补缺失的角色经历。同时，幻想也在过度幻想和真实世界的摧残中破碎，从而造成了更大程度的心理缺失。

性别幻想

根据精神分析理论，幻想大多源自本我被压制而产生的欲望。通过幻想，人们实现了对本我融合、完整、统一的自我渴望。偶像正是成为这样的符号，成为人们追求欲望不再被压制的完美符号。性别幻想，大多表现为粉丝异化偶像性别。这种性别错位具体表现为称呼男性偶像为女儿、老婆、妹妹等，在内容生产方面也将偶像性别扭转。这种现象在东亚地区尤为常见。东亚地区女性粉丝对花样美男或秀气外表的男艺人的追捧热度逐渐增强。历史上长久的男权压制导致人们对女权和融合的欲望愈加强烈。明星作为公共符号，对他们的性别幻想能够有效地缓解长久以来欲望被压制的痛苦。普通女性可能会长久地因男权社会中不公平之事压抑，当她们把喜欢的偶像女化，生产相关的粉丝文本，例如，画性转肖像图或写性转小说，她们在生产内容的同时本质上是在创造全新的公共符号。万众瞩目的男艺人在她们心目中是千娇百媚的女子，这种幻想的满足可以带来巨大快感。幻想缝合了现实与欲望之间的鸿沟，是人类独有的与困境共处的方式。对偶像的性别幻想本质上是对自己的社会性别角色的强烈不满。面对社会不公，每个人都有自己的排解方式，而对公众人物的幻想最为安全且富有冲击力。

关系幻想

　　关系幻想则是对亲密关系的虚幻想象。现实世界中，人们对完美亲密关系的幻想表现在对伴侣的期望上：在热情和忠诚方面，需要做到值得信赖、亲切友善、给予支持、善解人意；在吸引力和活力方面，希望伴侣长相俊美、外向阳光；在社会地位和资源方面，尽量实现经济宽裕、生活富足。几乎上述所有特点都是值得拥有的，但优先程度取决于对其角色幻想是男强女弱还是女强男弱的感情关系。部分粉丝在现实生活中无法找到所期望的完美伴侣，要求伴侣既要善解人意，又要经济优渥，还要长相俊美，这种完美期望的落空很可能导致他们沉溺在长久的悲伤中。或许，他们清楚地知晓现实伴侣是不完美的，但他们依旧存有对完美伴侣的强烈期待。偶像，这一大众文化的产物逐渐成为所期望的完美伴侣。偶像是媒介的产物，也披着媒介的外皮。他们热情亲切，作为公众人物永远保持着大众最喜爱的一面；他们长相俊美，极具青春活力；他们拥有丰富的社会资源。这些完美契合了大众的期望，人们自然而然地会将对伴侣的欲望统一在偶像身上。另外，这种期望设定几乎没有机会让偶像得知，单方面的关系投入虽然遗憾但最为安全牢靠，因为一切解释权和拥有权均属于投入者本人。这种关系幻想往往会在偶像拥有真正伴侣后破灭，粉丝将陷入沮丧低迷状态，甚至有不理智行为。

　　当然，对亲密关系的期望除了爱情还有其他模式，例如友情。

朋友可以带来复杂多样的情感体验，朋友之间有着高度的信任和忠诚，关心程度、相互依赖性和相似性是三个重要影响因素。大多数人都会有亲密友谊关系可以永远持续的期望，还对完美的友谊关系格外向往。完美友谊具有接纳、支持、愉悦、关爱、了解、信任、平等、真实和尊重等属性，抽象来说是在情感维度、共有维度和社交维度三个层面相互交融。在青春期和成年早期，婚姻没有登上人生舞台之前，人们对友谊的期待持续高涨，而现实生活却难以满足。偶像之间的互动在媒介的放大作用下，能够满足对完美友谊的多维度设定。粉丝不仅仅喜欢偶像，更喜欢他们之间接近完美的亲密关系，尽管这种关系往往经过媒介包装加工。大体上，对关系的幻想不仅存在于粉丝与偶像之间，也存在于不同偶像之间。粉丝会将偶像之间的亲密互动联想成完美的友情或爱情。人们在幻想的形成和碰撞中会获得巨大快感，当幻想和现实有些许重合时，快感将带来强烈的成瘾性。粉丝幻想两个偶像之间存在完美亲密关系之后，会伴随着幻想文本的产生，往往是同人故事或者同人画。复杂的生产过程并不会带来痛苦，反而会带来将幻想用另一种方式实现后的巨大快感。当偶像之间的亲密互动与幻想的一致性越来越明显时，粉丝将会产生精神的爆裂式快感，会在翻涌的精神浪潮中翻腾，接续另一个阶段的幻想。逐渐，粉丝将对关系幻想上瘾。一旦偶像之间的关系破裂或没有按照幻想进行，粉丝将产生负面心理，会失望沮丧甚至暴躁不安，最终被幻想反噬。很多偶像组合正是利用了粉丝的这一幻想，在组合中成员性格各异、年龄相仿，他们都有着姣好面容，能力也不分伯仲，在朝夕相处中他们还能相互理解、互相帮助，这种氛围很容易让粉丝产生亲密友谊关系幻想。可见以下摘自访谈或评论的话语：

> 有的时候，我看他们，就觉得像高中校园里那种校草团体，就感觉特别特别完美……

> 接小 y 出院时，小 b 说了一句：回家咯（家指公司）。当时那点给我的触动特别深，包括后来每个人都会说"家里""回家。"

> 参加节目，回宿舍的路上，他们几个人背对背嘻嘻哈哈的。在宿舍里，哥哥们还会帮弟弟藏糖果。还有好多好多，感觉他们就是一家人。

在普通人看来很日常的相处，在进行亲密关系幻想的粉丝眼中就是铁证。绝大多数粉丝与偶像的接触几乎为零，但他们会信誓旦旦地分析他们与偶像之间的关系。这是因为，粉丝已经分不清现实和幻想，在他们看来，现实生活中微小的日常行为就是印证幻想的证据，然后就自然而然地将情节丰富、情感充沛的幻想部分带入现实世界，由此陷入幻想循环。偶像组合、炒 CP 就是巧妙地利用这一点，经纪公司会将精心设计的微末细节展现给粉丝，完美印证粉丝的种种幻想，从而收获热度、曝光度、讨论度。这种行为表面上没有违背道义，但实际上是在利用粉丝处于关系幻想中，捏造事实，不否认也不排斥的态度更是火上浇油，粉丝信以为真并沦陷其中的概率会越来越大。最终，真相会引发粉丝大规模陷入不理智的狂躁困境。

相互关系

在饭圈中，上述角色幻想、性别幻想和关系幻想是相互交叉的，粉丝们在融合的幻想世界中获得精神快感的滋养。有的粉丝将自己定义为女友粉，她们在偶像展现出个性魅力的基础上加入幻想的完美男友属性，将现实生活中偶像的所作所为和男友身份相联系：偶像在社交平台发自拍照片，女友粉会处理成两人合影；偶像表达对粉丝群体的爱，女友粉会认为这是对自己的表白；偶像和其他女艺人合作，女友粉会吃醋生气，甚至实施对女艺人的网络暴力。女友粉会深度挖掘偶像在官方文本中的性别魅力，并创造与幻想的交叉点，从而获得快感。例如，几年前在"×我文"（这类小说以偶像和"我"为故事主角，多为唯美爱情故事）中的片段——偶像为了表达对女友的爱，在演唱会上作弊抽到了女友电话号码，在所有粉丝面前表白。抽取电话号码这一情节在几年后真实的粉丝见面中上演，尽管被抽中的粉丝只是幸运的普通粉丝，但这依旧给众多女友粉带来了精神高潮，集体高呼偶像很"苏"。现实和幻想的呼应使得幻想持续生长，进入循环：产生幻想—生产文本—快感增长—现实呼应—快感登顶—再生幻想。还有部分粉丝喜欢同性艺人之间的亲密互动，这一部分粉丝有着更为经典的幻想心理，后文将会详细展开。

大体来说，在粉丝圈层中存在以角色幻想为基础的亲妈粉、妹妹粉等，以性别幻想为基础的正苏粉和泥塑粉（将男艺人性别幻想为女性即为"逆苏"，在饭圈谐音为"泥塑"），以关系幻想为基础的女友粉、CP 粉、团粉等。作为具有不同属性的粉丝，他们在类别互动中获得社群认同，在内部交流中引发幻想共鸣，在现实和幻想的交汇中稳定地生产幻想文本。粉丝在按性质派系划分的社群中所获得的认同感大部分来自幻想共鸣。粉丝大大具有较强的文本生产能力，在找到自己倾向的性质派系之后，将相关幻想以视频、文字、图片等方式输出，散粉会像离群羔羊再次找到羊群一样欣喜，而粉丝大大也会像头羊带领更庞大的羊群一样骄傲。在反反复复的互动中，幻想和现实的边界逐渐模糊，散粉会对社群（可能并无实体，只是趣缘群体）更加依赖。粉丝大大对社群更具有责任感，将稳定的内容输出作为自己的责任。

这一章对粉丝类别进行了具体的划分，提出了两个划分标准——圈层阶级和性质派系。一个是从纵向对粉丝群体的划分，另一个是从横向对粉丝认同感的剖析。这一章基本回答了这样的问题：粉丝是什么样的？粉丝有哪些类别？粉丝社群之间情感驱动的细微差异是什么？自然地，我们会问：粉丝群体大多在哪里活动？粉丝有明显的媒介偏好吗？下一章将主要解答这些问题。

第三章
媒介活跃平台

亨利·詹金斯曾说:"粉丝是所有新媒介技术的最早使用者和推广者之一。"南希·贝姆也曾讨论在 Usenet 刚刚萌芽的美国,以计算机为媒介的粉丝社群 r.a.t.s 发展成为最成功的粉丝社群之一,探讨了其媒介使用方式和文本生产类别。总的来说,在西方学者的研究成果中,粉丝似乎拥有着超强的新媒介技术使用技能和超前的媒介使用习惯。

粉丝在传统媒介中的创造力和自主性往往被忽视,处于被批判和无力发声的结构性限制中。在互联网环境中,原始的地缘交流方式逐渐淡出,众人对平台和机构的依赖性增强,原有的交流方式在逐渐改变。在原有的门对门、点对点交流的基础上,凭借着互联网平台的交流特性,个体之间跨越时空的交流成为可能。在互联网平台,粉丝的行为更加透明,粉丝社群充分发挥集体主动性。然而,便捷的交流方式并没有促进社群之间的相互了解。在互联网生态中，当人们对某一社群过度投入时，他们对其他社群会产生排斥、轻视和拒绝的态度。媒介批评理论将学术和研究的作用大多定位为批判，但其实学术还可以发挥发掘和倡导的作用。作为挖掘者，看到不同文化、经济和社会背景中的群体生产的文本的分享，以及他们对当下情境产生的另类幻想，纠其偏误之处，肯定其努力之处，正是促进互联网生态良性发展的重要途径。

第 47 次《中国互联网络发展状况统计报告》显示，截至 2020 年 12 月，我国网民规模为 9.89 亿，互联网普及率达 70.4%，其中手机网民规模达 9.86 亿，在上网人群中的占比达 99.7% 。由此可见，互联网已经渗透到日常生活和社会结构中，媒介与社会变迁之间各自烙下了深刻的痕迹。这不仅影响人们的日常生活，也影响媒介传播信息的方式。在记忆中，传统的电视节目会在结束时将地址、电话告知观众，希望有建议或意见的观众写信或打电话反馈；现在，节目组则是留下节目微信公众号或节目微博，及时处理观众建议或意见，甚至，在节目未播放之前就在互联网平台开始宣传运作。粉丝这一与媒介共生共荣的文化产物自然也改变了自己的活跃范围。具体来说，粉丝活跃的平台可以分为四大类型，分别是社群社交型平台、生产力分享型平台、粉丝八卦型平台和功能服务型平台。

社群社交型平台

粉丝社群是存在的必然形式，社会交往是社群存在的必要维系手段。正是在交流中，社群成员才能获得认同感。"有的时候，我看'爱豆'演的电视剧，其实是想跟小姐妹们讨论，一起唠嗑就很欢快，和姐妹聊天比啥都有趣……"（摘自访谈）南希·贝姆指出，偶像作品的主要吸引力在于它能为观看者提供与他人交流的机会，观看前和观看后的交流与观看行为本身一样重要。可以说，社群交流在一定程度上是社群存在的根本目的。正因如此，社群社交型平台才在粉丝群体中占据核心地位，是粉丝日活跃度最高的平台类型。当下，较为典型的社群社交型平台为微博和抖音。

微博

2009年，新浪推出"新浪微博"，这种实时短信息分享的广播式社交平台在当时的中国互联网环境中实为首创。2014年，新浪微博改名为微博，在微博产品领域成为当之无愧的霸主。2015年，微博开启了"娱乐营销"模式。目前，微博上已有5 000多位明星，粉丝过千万的明星有260多个，粉丝过百万的明星有1 600多个。根据微博公布的2020年用户发展报告，截至2020年9月，微博月活用户达5.11亿，日活用户达2.24亿，微博用户群体继续呈现年轻化趋势，其中"90后"和"00后"的总占比接近80%，女性用户规模高于男性用户。微博的普适程度可见一斑。这是因为，微博具有弱联系、强实时、广分布的产品特征，这种特征使其和传统媒介相比具有巨大优势，同时也是强信息传播体的刚需。现阶段，微博平台明星入驻率极高，演员、歌手和尚未出道的练习生等几乎都有自己的微博。《2018微博粉丝白皮书》显示，2018年4月9日，主持人谢娜创造了吉尼斯世界纪录，其微博账号获得"第一个累计粉丝数量达到 1 亿的微博账号"和"粉丝数最多的微博账号"两项称号。随后，主持人何炅和演员杨幂微博粉丝也破亿。其他明星的微博账号也有着数以万计的关注量。数据显示，娱乐明星累计粉丝超过 167 亿，平均每个微博用户关注 37 个娱乐明星。其中，偶像粉丝有着年轻女性占比大、学历高、流动性强等特点。根据艾漫数据名人经营系统数据，偶像粉丝中女性占比 61.1%，20~29 岁的粉丝占比 71.2%，拥有本科及以上学历的粉丝占比 76.8%，喜欢偶像短于 1 年并爬墙（喜欢其他偶像）的粉丝占比 62.3%。

在如此庞大的趣缘群体推动下，微博平台逐渐形成了系统的社群交流体系和社群竞争体系。微博设有超级话题（超话）、超话榜单和明星势力榜 ①，如内地榜、港澳台榜、亚太榜、欧美榜、新星榜，等等。超话不同于普通、零散自由、无人规范的微博话题，超话设有主持人和小主持人，他们大多由社群内部人士担任，负责审查和规范粉丝在超话中发布的内容。粉丝可以在超话中"自由"发言，这种"自由"是在遵守粉丝行为准则情况下的相对自由。例如，粉丝不可以在自家超话中提及其他明星偶像，更不可以将两个人做比较，每一次发帖、评论也要遵循固定格式。很明显，规则成为社群的认同标尺。微博中的超话情景和村口聚众聊天的情景相似度极高，具有开放性和相对封闭性。聚众聊天对全村民众来说可随

---

① 2021 年 8 月 6 日，微博为倡导粉丝理智追星，履行企业主体责任，决定下线"明星势力榜"。8 月 27 日，微博响应中央网信办加强"饭圈"乱象问题治理号召，取消明星超话的排名。

时加入，但忙于农活的人和嬉笑跑跳的小孩子甚少参与，这是因为聊天的话题以及言语规则对他们而言是陌生、遥远的。超话在微博中累计参与人次极高，但由趣缘而产生的相对封闭性限制了普通用户的加入和使用。但对饭圈人士而言，超话是伊甸园，没有其他人对粉丝的追星行为指手画脚；在这个网络公共空间中，他们能够分享新鲜资讯，欣赏二次创作的文本，在交流中一次次地增强对社群组织的认同感。连续访问平台、签到、评论、转发和互动都会带来积分。在激励机制的作用下，粉丝对超话产生了较强的平台黏性和原创意识，最终促进了社群内部的交流互动。

同时，不同明星的超话之间还设立了完善的竞争机制。微博设立明星超话榜单，本质上这是用来测量不同超话社区内部的社群活跃度和忠诚度。超话榜单依据超话影响力值（即粉丝贡献的积分数）来进行排名，包括明星超话排行榜、潜力榜和上升榜。每一位关注超话的粉丝都会在话题互动中获得积分，可用于超话竞争和兑换虚拟礼物等。微博还设定了明星势力榜，试图客观地反映明星的微博热度，综合阅读人数、互动数、社会影响力、爱慕值和正能量值五个因素对明星微博热度进行计分。

　　阅读人数记录明星微博在 PC 端和手机客户端的阅读人数总和，对明星近 30 天发布的微博的阅读人数进行统计，每个用户每天对明星单条微博的阅读只记为 1 个阅读人数。

　　互动数，是用户对明星产生互动行为的数据统计指标，包括用户与明星微博内容的互动行为（转发、评论、点赞）和用户在明星微博粉丝群内的发言。

社会影响力是通过用户发布的提及明星（微博昵称或真实姓名）的微博所产生的阅读人数来反映的，代表了明星近期的热度，每个用户每天对每条提及明星的微博的阅读记为 1 个阅读人数。

爱慕值，是指粉丝对入榜明星的贡献度，每朵花计 2 个爱慕值，普通会员每个月可贡献 3 朵花，年费会员每个月可贡献 5 朵花。

正能量值反映的是明星发布的正能量相关微博以及带动粉丝进行的正能量传播的影响力。

——微博明星势力榜评分规则

在评分规则中，爱慕值和正能量值的统计方法侧重于偶像粉丝的贡献，阅读人数、互动数和社会影响力更多的是统计普通用户的贡献。粉丝出于对社群的强烈集体荣誉感以及对偶像的喜爱，会想方设法积攒积分并全部赠予偶像，从而使偶像在榜单上获得靠前的排名。外部竞争会有效促进内部认同。核心粉丝组织确定目标，粉丝大大制定策略，真情实感散粉响应号召，全心全力投入外部竞争，社群达成目标，增强认同感——这种循环行为清晰地划分了粉丝与非粉丝的边界，也成功塑造了粉丝社群中的"会员关系"，最终加强了社群意识。会员关系的塑造需要划分清晰的边界。边界是区分会员与非会员的重要标尺。象征（譬如语言、穿着、仪式）可作为会员或非会员的辨识方法。在微博超话平台上，社群特定的发帖规则、统一格式、集体投入竞争行为成为粉丝社群中加强边界意识的象征。

大部分活跃在微博平台的粉丝表示，他们都拥有若干微博账号，一是因为不同的账号可以用来支持不同的偶像明星，使得自己在每一个粉丝社群中都是"会员"，可以在交流中获得更多信任，也是为了避免给偶像惹麻烦；二是因为这样可以将追星微博账号和生活微博账号精准地区分开来，每一个账号代表着不同的网络身份，保证自己的现实世界和虚拟世界泾渭分明。

粉丝借助微博平台形成了较为完善的社群组织。弱联系、强资讯的平台特征，加之内部激励机制和外部竞争机制，使得"会员关系"在粉丝社群中的边界愈加清晰，粉丝与偶像的距离也在幻想中缩短。微博提供的超话和明星粉丝群都给粉丝"零距离"接触明星带来了幻觉。与边沁所设想的"一种新形式的通用力量"——圆形监狱相似，明星作为中心瞭望台上的权力中心有权决定自己是否观察环形空间中的人物活动，就像拉上了百叶窗，而粉丝在环形空间内却不知道自己是否被注意到，只能时刻欢欣雀跃。最终，粉丝实现了"自我狂欢"——让自己对偶像的爱时刻流露并规范言行。这种权力结构，让粉丝相信时刻会有来自偶像的关注目光，自己的爱可以被看到，也让粉丝进入言行规范、欣喜若狂的状态。

抖音

抖音之所以成为粉丝社群社交型平台，更多的是因为它本身强大的传播功能。抖音兴起于短视频集中爆发期，上线于2016年

9月。近年来，抖音日活用户已超过 6 亿。和微博不同，抖音的明星入驻率不高（近年来呈现井喷趋势），但粉丝社群个体的活跃度不低。《2018·抖音研究报告》显示，抖音上名人明星类用户占比12.6%，纯素人类用户占比 49.1%，普通人在更为平等的媒介关系中生产内容、分享内容、评判内容。抖音的另一突出特点表现为受"窄屏"传播形式限制，社群互动具有天然局限性，用户偏爱窄屏传播下的简单操作和碎片化的创意内容，对传播内容质量要求更高，但对用户之间的完整社群互动的乐趣渴求度不高。抖音的社交局限性可以直观地通过关键意见领袖（KOL）的个人简介来发现，大部分 KOL 都会加上自己的微信号和微博账号。抖音可以被当作内容分享和社群交流的中间界态。

　　粉丝在抖音上的行为习惯和普通用户没有特殊的差异，因此粉丝和非粉丝的"会员关系"边界并不清晰。粉丝会对官方文本内容进行二次创作，剪辑最有特色和创意的部分，在发布时加上偶像标签。在访谈中，活跃在抖音上的粉丝表示，他们更多的是利用抖音为偶像做宣传，在抖音热门话题中发布和偶像相关的内容，尽可能地让其他用户看到偶像的闪光点。还有部分粉丝会将自己的追星日常放在平台上分享，得到其他粉丝的关注和喜爱，大家会在评论中互动，从而形成"趣缘"互动。抖音的社群交互很难固定。由于流动性极强的"窄屏"传播，粉丝会依赖生产出的内容进行社交，而不再依赖粉丝组织和社群关系。还有一种常见的传播形态是，合作公司会独家发布和偶像相关的抖音视频，粉丝从微博等信息传播平台接到相关号召令，来到抖音为视频点赞并评论；他们也会响应品牌号召，在相关话题标签中发布自己的原创内容，从而扩大话题影响力。

抖音的媒介权力不再是环形与中心对峙的关系，更趋近幕布和观众的单向权力模式。观众观赏皮影投射到幕布上的内容，可以单方面表达对内容的赞赏和建议，但很少有人会走到幕布背后对皮影进行修正。人们更注重幕布展示给大家的内容，但不会过度地幻想幕布背后操控皮影的人。人们对偶像的爱意纯粹，不会幻想自己的爱有一天会被偶像看到，也不会时时刻刻将自己的行为保持在狂躁热情的状态，他们只是希望通过分享让更多的人发现偶像的闪光点。这种权力结构更加平衡，粉丝和偶像之间并没有明显的媒介权力态势差异。

生产力分享型平台

生产力分享型平台有着鲜明的类型特点：以内容生产为主，以社交需求为辅。在米歇尔·德赛杜（1984）看来，读者是拥有着主动积极的"盗猎"行为的，他们会在文学禁猎区内毫无礼节地洗劫，只掠走那些对自己有用或者带来快感的东西。粉丝和读者在内容生产方面有相似之处，但也有不同，粉丝会将短暂的精神掠夺和长久的文本阐释相结合，在一瞬间的灵感掠夺后为将来的文本生产打下基础。另外，对粉丝群体而言，读者和作者的界限非常模糊，粉丝在消费业已完结的故事时，也会根据故事人物创作同人文、同人画、视频和音乐等。盗猎并圈养，是粉丝文本生产的基本特征。

分享是粉丝社会化生产的根本意义。对大多数粉丝而言，文本生产不是个人的、私密的，而是社会的、公开的①。文本进入分享阶段才真正具有了社会意义，生产者在交流中明确文本生产的核心价值，被分享者对社群组织也会产生更深厚的认同感。生产力分享型平台就是给生产者和被分享者交互提供机会。当下占据主流地位的生产力分享型平台有 Lofter 、Bilibili 和晋江。

Lofter

Lofter 是网易公司推出的一款"专注兴趣，分享创作"的博客产品，用户总量不大，但二次元用户和明星粉丝占比较大，对讨论粉丝的生产力分享具有重要意义。Lofter 平台对同人文本生产方面有着详细划分，以"达人扶持计划"为例，平台设有不同类型的娱乐达人——同人文手、视频向饭制达人、修图向饭制达人、饭绘达人和饭拍达人，这些代表了同人文本生产的不同类别，生产同人文、同人画和同人视频等。Lofter 平台还会定期举办各式各样的有奖征稿比赛，比赛设有不同专题，鼓励不同类型的同人文本参赛，保证分享型平台的原创内容质量，从而巩固社群交流。正如上文所提及的，在粉丝圈层中存在着拥有强大专业技能的粉丝大大们，他们在同人文本生产领域占据中心地位。他们会根据自己的兴趣和能力在专门的文本生产力分享型平台进行生产，在满足自己的幻想快

---

① 詹金斯.文本盗猎者：电视粉丝与参与式文化.郑熙青，译.北京：北京大学出版社，2016.

感的同时获得圈层整体的权威和公信。粉丝群体之所以具有相对稳定性，存在着长久以来一直喜欢偶像的情况，很大程度上是因为群体的幻想生产保持在持续、稳定、高质量的状态。大部分粉丝和偶像之间都保持着遥远的距离，几乎没有粉丝可以长时间、近距离和偶像保持亲密距离，那么粉丝靠什么保持热情呢？从 Lofter 平台上文本生产的特点来看，粉丝大大的同人内容生产满足了幻想能力匮乏的粉丝的需求；"太太"们在嫁接桥段、融入想象的同时，塑造了自己笔下的完美偶像人设。他们总是能根据有限的官方文本筛选、整合、汇编，创造更有性格魅力的人物设定。饭绘达人会生产同一偶像不同人格的绘画作品，他们合理有据地将温柔、霸气、软萌、冷酷等截然不同的性格特点赋予偶像，形成不同人格，在绘画情境中进一步丰满。这种同时拥有不同人格的人在现实生活中极为罕见，但在幻想世界中这种文化作品就显得和谐完整。

"CP 在比赛结束几乎就 BE（指双方的结局为 bad ending）了，但是我们几个产粮大大还活跃着，一是自己内心实在不舒服，二是不想让喜欢他们的人这么快就失望离开……"（摘自访谈）对偶像有着亲密关系幻想的粉丝们在 Lofter 平台上异常活跃，他们将大量精力消耗在品鉴幻想文本上，很多无法在现实中实现的幻想情境可以在幻想文本中实现。"我们都会在文章开头写上 OOC（out of character），就是让大家不要上升到真人……"（摘自访谈）这一类同人文本的生产，几乎完全依赖粉丝大大的幻想能力，他们会以特定的世界观给予同人偶像不同的人物设定，从而满足粉丝对两个人关系的幻想。在冷圈（Lofter 上的定位为：总参与度在 500

人次以上 2 000 人次以下），粉丝大大几乎是圈层的缔造者，与偶像真人之间的互动极少，整个圈层的稳定发展在很大程度上就是依靠分享粉丝大大创作的同人文本。本质上，同人文本脱胎于官方文本，但很多情况下，同人文本的原创性和情景设定已经远远超出原创文本。社群交流和同人文本的生产是相辅相成的，没有交流分享人们就会减少对粉丝圈层的认同，没有同人文本生产圈层发展的核心原动力就会缺失。Lofter 这类平台精准地抓住了粉丝群体和二次元群体对同人文本生产的巨大渴求，幻想的生产需要由特定人员来完成，但在平台上每个人都可以感受到幻想带来的快感。Lofter 的媒介权力结构和传统媒介的权力结构相似，核心权力在掌握技能的人手中，他们也因此拥有更大的话语权，相应地，他们也要承担更大的责任。很多粉丝大大将自己定义为饲养员，如果他们对偶像有坚定不移的爱，那就需要定期产粮，以喂养嗷嗷待哺的普通粉丝，他们也会在赞扬声中获得快感，一旦这种稳定、持续的循环被打破，饥饿难耐的普通粉丝就会寻找新的饲养员。

Bilibili

Bilibili 创建于 2009 年，是国内首创的专注于二次元的年轻人聚集地，简称 B 站。在 B 站上创作视频并进行分享的用户被称为 UP 主，其他用户在观看视频时会以弹幕的形式实时地发表自己的想法。这种较为新颖的视频观看模式使得 B 站的权力结构更加平衡，人们在观看视频文本的同时也会欣赏弹幕文本。在 UP 主和观众的共同作用下，同人文本的再创作获得了新生力量。B 站的核心分享力是二次元 ACG [即 animation、comic、game（动画、漫画、游戏)]，但粉丝群体也在 B 站中积极地活跃着。这部分活跃的粉丝当中大部分对偶像有着复杂的关系幻想，他们所剪辑的同人视频也大多是亲密关系幻想的产物。这类同人文本像是官方文本的"影子"。粉丝从官方文本中搜集、筛选、整合偶像视频，同时会设置全新的故事线，设定全新的人物形象，再将偶像之间的互动视频剪辑加工在一起。这种生产模式验证了亨利·詹金斯所提出的"粉丝文化是游牧性的"观点，作为盗猎者的粉丝保留着掠夺物，是建造另类文化社群的基础。另外，视频创作更是将"借来的东西"变成新文本的创作原料，在新的语境中赋意文本。这种创作形式使得原始的影响语句在新的设定下拥有了全新的含义，赋意权利能够给予创作者和观看者更多的快乐。UP 主在粉丝圈层也被称为"剪刀手"，他们巧妙地改变原本影视作品的顺序，加上故事性十足的配乐，原有的手势、目光、表情都有了新的含义。剪刀手将素材剪辑，又像裁缝一样将素材缝合，脱离原有的叙事语境，使素材在新的音乐旁白中有了全新含义，强化了粉丝心目中偶像之间的亲密关系。在新的情节发展中，创作者拥有了强大的赋意权利，而观看者也依靠发送弹幕的形式，将自己的理解和感悟融入视频播放中。视频打破了文字和图画的二维限制，带给观众的冲击原本就是最为强烈和直观的，再加上赋权的快感和幻想的趣味，使得同人视频在同人文本生产中占据中心地位。

除了创作自己偏爱的 CP 同人视频，剪刀手也会挑战自己——将毫不相关的人物影像资料进行组合，设定看似滑稽实则合理的视频作品。在 B 站中，此类趣味视频也拥有广阔市场。"其实，并不是看他们的感情走向，有的时候就是单纯地佩服 UP 主，破次元还不违和，挺厉害的……"（摘自访谈）UP 主炫技般地将伏地魔和林黛玉剪辑成恩怨情侣，这类视频的播放量和弹幕数据都非常可观。UP 主在剪辑的过程中，彻底地释放了自己的幻想天性，在有限的视频素材中精巧地找到剪辑点，配合音乐，创造全新的故事梗概。在赋意文本的过程中，UP 主能感受到这种随心所欲地叙事的特权，依靠这种方式，他能够获得更多的有效关注量，在媒介平台上拥有更大的话语权。

　　B 站上的弹幕是单向不可逆的互动模式。观众对视频的意见反馈依靠发送弹幕的形式进行表达，UP 主可以通过弹幕记录获取单向意见，但他们无法通过弹幕对应地回复每一个粉丝。这种互动模式更准确的定义是匿名性地存在于观众之间的交流形式。依照时间顺序，弹幕内容会依次显示在视频中，后续观看视频的受众可以同时看到视频和弹幕内容，他们有权利同时对视频和弹幕内容做出解读。媒介权力形态在 B 站中更像是舞台剧的演员与观众，台上表演者无法插手台下窃窃私语的观众间的议论，但观众之间彼此相知。观看者拥有再创作作品的权利，他们的意愿表达也是同人作品中的一部分。B 站上的同人视频作品是粉丝创作的主流，在这些作品中粉丝的关系幻想得到最直观的实现，赋予动作、神态以新的含义，也同样带给创作者和欣赏者强烈的快感。

晋江

晋江是网文网站，在粉丝领域功用较为单一，主要是粉丝生产同人文的平台。同人，即以偶像为人物原型，加入自己的故事构想塑造全新的故事线。同人文，是二次加工的影子生产型文化。其中，经纪公司塑造的偶像形象可能完全被颠覆，故事发展的世界可能完全是虚幻世界，甚至人类的本性在故事中都是重塑的。同人文是粉丝文本生产中最为原始的文本类型，人们对原有故事情节的不满会转化为创作的原始动力。对于粉丝而言，他们所形成的强烈的关系幻想催生出不同类别的同人文。同人文的分类众多、文体各异，但归根结底是对亲密关系有着执念的粉丝幻想的产物。仅在晋江平台，文本标签就有 164 个之多（标签会随着文本内容的丰富而不断更新），从性向角度将衍生文划分为言情、纯爱、百合、女尊、无 CP，文章类型丰富、想象绚丽，核心突出偶像之间的互动关系。对亲密关系幻想情有独钟的粉丝，会专注于生产 CP 同人文。CP 也分为同性和异性，比较有趣的是，女性粉丝在生产和分享 CP 同人文时对同性耽美同人文具有明显偏好。这是因为在具有关系幻想的粉丝中，大部分相信完美爱情和完美人设存在于同性。这背后的原因是值得我们深入研究的。

在同人文生产领域拥有较强专业技能的女性粉丝大大一般被称为"太太"。在晋江平台上，部分写手太太会成为平台签约作者，她们定期发布文章，得到读者的肯定并获得打赏。经常出现的现象是，偶像粉丝很可能转化为太太粉丝，从喜欢偶像之间的亲密互动关系到追逐太太的故事创作。粉丝大大最终成为狭义的"偶像"并拥有自己的粉丝。这种偶像魅力的下沉是社群稳定发展的重要因素之一。普通社群成员很少有机会和偶像保持稳定联系，但大家可以和粉丝大大实时互动，从偶像转向粉丝大大，对社群的认同感和归属感也随之增长。这种魅力下沉不仅存在于同人文生产领域，在同人视频、同人画、饭拍等文本生产中均存在相似情况。

生产力分享型平台给文本生产和变现提供了机遇。为鼓励用户生产更多高质量原创作品，平台往往会设定"打赏"机制，创作者和平台会分成用户的打赏。此类平台设定从物质层面刺激了创作者的生产热情，激发粉丝大大在实现对偶像的幻想的同时将技能变现。"魅力下沉"在生产力分享型平台屡见不鲜，收割偶像的粉丝也成为社群运作的正常现象。大多数文本生产者会兼顾社群社交型平台和生产力分享型平台，他们在生产力分享型平台创作优良作品，并导流至自己的社交平台，在使自己文本影响力变现的同时，拓展自己的社交话语权。在 B 站 UP 主、Lofter 娱乐达人和晋江写手太太的个人简介中经常可以看到"微博 @××"等字眼，他们可以在微博平台发布 140 字简单日常文本内容与粉丝进行亲密互动，在复杂的文本生产之余保证自己的日常热度。无论是"魅力下沉"还是"媒介导引"，都是粉丝社群互动稳定的重要因素。在社群理论中，此类粉丝大大相当于社群的管理者，虽没有明确的社群赋权，但他们凭借自己的个人魅力在粉丝社群中获得权威，在社群策略制定中拥有较大话语权，他们的话语风向也影响着社群的整体稳定，也正是他们的幻想文本生产给粉丝社群提供了丰富的幻想原料。

粉丝八卦型平台

人们对他人生活的窥探欲望长久存在着。古时人们便对宫廷秘闻颇为好奇，公众人物始终是人们窥探的中心，也是话题的中心。在互联网时代，人们的隐私处于半公开状态，部分隐私会在人们的分享欲驱使下在公共媒介平台分享，试图隐藏的部分也一丝一缕有迹可循。粉丝八卦获得的快感来自窥探欲望被满足，也来自在隐藏空间中对社会议题的隐喻式讨论。在黛博·琼斯（1980）看来，八卦是"女性在女性角色中的本色谈话形式，它的风格是亲密的，话题和设定是个人和家常的，它是一种女性的文化事件，从女性角色中生发，超出女性角色的限定，但同时又以强化女性角色而产生安抚感"。在琼斯看来，八卦是女性长久以来拥有的话语资源，她们需要自己的话语空间，八卦向来被认为是低俗鄙陋的，因此八卦型平台是没有监控的真空空间。女性的八卦往往遵循着从具象走向抽象再回归具象的规律，她们会从偶像秘事或影视作品中的人际关系出发，将其中的价值判断延伸到现实生活中的社会议题，在极为亲密的人际交往中，这种议题讨论最后也会回归自我表达，回归女性对社会性别身份的控诉。在琼斯看来，八卦主要有四种表达形式，分别是：家常讨论，即个体之间交换日常的有用信息；丑闻议题讨论，往往是对公众人物的道德评价，对道德冲突和伦理困境的价值判断；牢骚控诉，即女性对自己的社会性别身份带来的不公进行的控诉；亲密闲聊，则是在最亲密的人际交往中存在的女性的自我表达，涉及爱情、性和金钱等。在粉丝社群中，八卦是成员交流的必要形式之一，以女性居多的粉丝社群在八卦时包括以上四种形式，粉丝在八卦的同时也将自己的社会身份进行拓展，她们既是普通女性又是当代流行文化的消费者和批判者，八卦具有了社会意义。

豆瓣

豆瓣是 2005 年创立的优质内容分享型网站。网站以分享相同的兴趣爱好为宗旨，豆瓣上大部分用户会积极分享优质书籍、电影、音乐等。豆瓣的宗旨看似和偶像粉丝无关，但正是自由的内容分享给资讯分享带来了充足的养分供给，也催生了当今互联网平台原创度较高的八卦社区——豆瓣鹅组。豆瓣的基本功能是给书籍、电影、音乐评分，在此基础上，为完善社交性能，豆瓣设定小组机制，同好可以成立豆瓣兴趣小组，于其中发帖讨论。豆瓣鹅组正是这样一个小组。小组创建于 2019 年 5 月 26 日，曾用名为"八卦来了"，组内成员会互称"八卦鹅"，这是"八卦 er"的谐音；在封禁整改后，小组改名为"豆瓣鹅组"。现阶段，豆瓣鹅组共有 621 960 名成员，是需要申请并经审核通过才可以进入的八卦论坛。未加入小组的用户是"组外鹅"，他们可以浏览组内帖子，但无法发原创帖子，也无法参与评论互动。近年来，申请入组的难度逐渐增大，因此，在粉丝当中存在着贩卖鹅组账号和有偿代发帖子的情况。"鹅组里面的风评还是挺一致的，他们有组嘲也有组宠，有的时候我们还是蛮注重里面对偶像的看法的，毕竟鹅组里面的流言蜚语总能被'借鉴'到微博营销号或者微信八卦公众号里……"（摘自访谈）关于豆瓣平台，很多粉丝在访谈时都会将其定义为娱乐圈的

"信息中心"，娱乐圈部分爆料都首发在豆瓣各个八卦小组中，随后在其他社交平台爆发式传播。在豆瓣平台上，类似的八卦集散小组还有自由吃瓜基地、豆瓣吃瓜人才组、小象八卦等。每个小组有自己的专有定位，如小象八卦集中对网红 KOL 展开八卦讨论。近年来，随着选秀节目的兴起，豆瓣上的各个节目专组也呈井喷之势，节目专组内只讨论选秀节目的选手。"不管节目火不火，先在组里占个房"，由于各个小组都有严格的准入规则，因此在小组没有火起来之前申请入组是比较好的"投资"选择。这种"会员制"的论坛讨论形式可以极大地提升组员的归属感和认同感，只有成为组员才能在小组内自由发言，非组员只可以浏览和点赞。资深粉丝的经验是，豆瓣平台的节目专组是选管（选秀节目管理人员，包括后勤、编剧、导演等）在选秀节目进行期间获取观众反应和选手爆点等信息的重要渠道，如哪两位选手组成的 CP 是组内大势 CP、节目组的哪些台本设定新奇有趣、哪些选手有爆点吸引观众，因此，豆瓣成为众多选秀节目资深粉丝的舆论主场。

通过观察可以发现，豆瓣鹅组等八卦主题论坛所讨论的内容不局限于娱乐圈明星的丑闻，帖子的风格和琼斯提及的四大八卦形式完全相符。这其中自由活跃的用户大多是年轻女性，她们在讨论话题时完全没有男权社会的监控，在表达意见和分享资源时也更加亲密自如。年轻女性在豆瓣鹅组中可以延伸讨论话题，从娱乐八卦到国家大事，在没有外在监控的趣缘社区内，她们传达了女性对主角话语权的渴望以及对男权社会的控诉。年轻女性一直是豆瓣各个八卦小组的主力，她们交流的信息从影视作品拓展到真实世界，她们从受文本限制发展到讨论私密话题。粉丝在信息交流中获得认同感，信息交流也是他们存在的目的。粉丝们交流八卦是因为它们能切实地维护粉丝文化。对偶像影视作品的八卦讨论，往往是对节目的评判，也是对节目的另类解读。在豆瓣鹅组等八卦小组中经常可以看到粉丝对剧情的另类解读，这类解读为娱乐营销提供了强大助力。粉丝对影视作品的八卦给作品的评判带来了衡量标准，粉丝在相关论坛上对影视作品的密集讨论影响了观众对影视作品的质量判断。

信息交流本身并没有女性之间互为秘密粉丝而产生的社会关系重要，豆瓣鹅组的组内鹅也坦诚地表示，在社区成立的初期彼此更注重在分享观点后的人际关系，交流本身并不是目的，享受分享促进的人际关系才是根本目的。为何"八卦"成为女性的话语权利？为何豆瓣鹅组成为八卦集聚地？这是因为八卦这一独特的话语模式将抽象、遥不可及的话题具象化，同时拉近个人与社会议题的距离。豆瓣鹅组等八卦小组就像是专门给女性提供的网络公共空间，在这个虚拟空间中，女性拥有绝对的话语权，正是入组需要申请的制度使得对组员的监控受限，组员在话题讨论上更加自由。缺失监控的八卦，给了女性表达自我、释放天性的机会，同时"八卦也成为女性控制社会性别角色期待、强化社会行为规范的途径"，但女性在八卦天地中肆无忌惮也会加深社会权力对女性角色的偏见。由于圈层的隔绝，很少有男性权力者会了解组鹅讨论的议题内容和价值，人们会将"八卦"狭义化。很多时候，豆瓣鹅组中的讨论话题多以电视剧为本体，将话题延伸到和女性相关的社会议题上，例如，电视剧《欢乐颂》开播时，组鹅对女性在原生家庭中的讨论就反映了当下在某些领域男女不平等的现状。

总的来说，八卦论坛上的粉丝聚集主要体现年轻女性对话语权的追求。对年轻女性来说，八卦是信息交流的亲密表达方式，人们之间的社会关系往往比信息交换本身更重要。女性粉丝在八卦论坛上的语言表达，既可以成为影视作品评判的标尺，又可以为影视作品的娱乐营销创造卖点。在八卦的过程中，粉丝将原本陌生、遥远的话题具象化，在讨论影视作品的同时，也是表达对社会权力分布的控诉。但如果女性群体过度沉迷于八卦世界中，会加深社会对女性角色的偏见认知。女性在监控缺失的网络公共空间自由表达，但空间的进入限制造成自身形象的固化，使得原本的控诉变成祥林嫂一般的哀怨。豆瓣鹅组就是这样一个活跃的虚拟空间，其中，无论是偶像粉丝还是普通影视作品受众，都成为一致的女性角色表达者。粉丝与普通受众的区别表现在，粉丝会直接在八卦时表达对偶像的偏爱。在讨论大众议题时，粉丝不会过度表达自己的偏爱，但会在讨论私密丑闻和影视作品时表现出明显的偏爱。近些年，豆瓣鹅组作为公共空间供人们讨论议题的作用在明显削弱，它逐渐成为娱乐圈营销的集中营。甚至存在职业粉丝在上面发帖、其他粉丝跟帖的情况，他们将经由经纪公司包装的营销卖点伪装成粉丝自觉的魅力萌点。这种公共权力的削弱在一定程度上是因为新媒介对粉丝的赋权，一部分是因为偶像市场的过度扩张。粉丝在网络平台拥有了前所未有的权力，而在传统媒体中个体无法拥有强大话语权。豆瓣鹅组在互联网生态中成为独特的娱乐发声渠道，这个平台上的活跃者不仅仅是单纯的八卦分享者，还是试图与更多受众进行对话的野心家。偶像市场的过度扩张体现在经纪公司包装层出不穷的年轻偶像，同时，偶像相关产业链也愈加完善。经纪公司越来越重视偶像宣发推广，因此豆瓣鹅组凭借自身优势成为偶像宣发的重点平台。由此，豆瓣平台的私密特性逐渐削弱，外界的窥私欲和逐利欲望促成平台的"娱乐至死"特性。

晋江论坛

晋江除了是同人文生产型平台，其匿名论坛在粉丝圈层中也具有较大影响力。在饭圈中，晋江论坛网友留言区被称为"兔区"，这也是晋江二区，ID 中的 2 英文发音与"兔"相似，"兔区"由此得名。"兔区"同样是粉丝圈层中较为出名的八卦论坛，和豆瓣鹅组相比，该论坛的突出特点是完全匿名且几乎没有准入门槛。在这种情况下，论坛内容质量良莠不齐，人们不需要对所发布的内容负责，"兔区"似乎成为"法外之地"，有心之人会在平台发布辱骂言论或散布谣言。

在"兔区"上发表看法是不会显示用户名称的，只会显示随机出现的统一头像，在这种情况下，用户对言论的负责任意识迅速降低。八卦不再是单纯的信息交流，而是单向的情绪宣泄。从嘲讽到污蔑，从不忿到辱骂，在极端情绪的渲染下群体情绪走向负面。从论坛板块名称可以发现，论坛创立的原始目的是供阅读文章的读者互相交流。晋江文学城中的文章内容吸引的大部分用户是年轻女性，在网友留言区留言的大部分用户自然也是年轻女性。初始的网友互动在推荐文章的基础上加入了生活信息分享，逐渐地，对公众人物的讨论也成为主题。如今，论坛演变为以娱乐八卦为主的信息集散地。尽管八卦是女性角色的天性释放，但因缺少实名监控，网友的发言走向另一个极端——肆无忌惮的情感宣泄。这种参与式文化对主流文化而言缺少借鉴意义，某种意义上是乌合之众的群体无理性行为。论坛上主要的讨论话题为明星丑闻、八卦资讯和粉丝混战。粉丝作为一个群体本质上是无法被个体代表的，理性的粉丝群体之间是会忽视个体差异、寻求群体共性的，但由于"兔区"先天的匿名性，粉丝混战是缺少理性思考的结果，参与其中的粉丝已经不再考虑是否为个体的错误导致的集体混战，反而将混战上升到侵犯集体荣誉的高度。常见的粉丝混战大多由个体对不同明星的比较、对偶像粉丝不如意之处的嘲讽、对偶像私事的莫名发挥引发，将个体的错误上升到群体错误的高度。另外，"兔区"上经常有新鲜资讯的分享，也是粉丝口中的"画毒饼"，部分用户是知晓关于偶像的新鲜资讯但不想对言论负责而选择在"兔区"发布消息，部分用户是希望通过这种方式让单纯幼稚的粉丝信以为真再加以嘲讽。例如，"兔区"上经常出现某位偶像即将成为高奢品牌代言人的消息，真假参半的消息一经发布，一部分是对粉丝群体的预热，一部分则是捧杀粉丝。此类舆论策划在"兔区"中屡见不鲜。个体的极端行为在匿名作用下很容易渲染群体情绪。

　　和豆瓣鹅组、"兔区"相似的是百度贴吧"友谊已走到尽头吧"，简称养鸡场（yjc）。鹅组、兔区、养鸡场是饭圈中齐名的三大八卦信息集散地。鹅组有着较高的准入门槛，讨论的话题也更具公共议题性质，相对而言发挥了为女性提供公共空间的作用。兔区的主要特点是匿名、自由，因此讨论的话题更有先锋性，但随之而来是具有监控弱等弊端。养鸡场由于载体传统和历史遗留问题，讨论的也主要是国内女明星。这些八卦集中营既是娱乐圈信息交换的重要场所，又是女性表达自我的公众平台。在原始社会，男性的主要任务是外出打猎，女性的主要任务则是采摘和信息交换。信息交换本身带来的满足感要远远超过信息本身的价值。在现代社会，八卦成为女性信息交换的基本形式，而八卦的内容也从哪里的果子好吃延伸到公众人物身上。人们总是有仇富和看跌的心理。对于完美的公众人物，大众会放大他们身上的一点点道德瑕疵，展开密集的讨论。在传播八卦的过程中建立起的亲密人际关系更是信息分享者所追求的。

功能服务型平台

目前，我国的粉丝产业链逐渐成熟，针对粉丝需求的各类功能服务型平台应运而生。当下，粉丝社群较为突出的需求包括有组织并参与集资，对接应援项目，对微博数据和偶像状态进行实时追踪等。这些需求在网络技术和专业资本进入后得到了满足，形成了和粉丝社群结构对应的专业功能服务型平台。此类功能服务型平台有着成熟的运营模式。一方面，资本的进入带来了专业、系统的管理模式；另一方面，部分偶像的经纪公司也承担了平台运营者的角色。近年来，经纪公司在粉丝运营这一蓝海中着重发力，经纪公司主动开发以粉丝俱乐部（fan club）名义成立的会员制粉丝运营平台，粉丝缴纳一定的会员费后便可成为平台会员，才可以进一步购买官方产品（如专辑、写真集等），购买官方周边产品（如手机壳、服饰等），获得与偶像互动的机会（如观看偶像直播、文字互动等），获得官方信息动态，获得独家偶像福利等。经纪公司试图在以往忽视的粉丝经济中分得一杯羹。经纪公司所代表的官方权威成功聚集了大部分粉丝。据观察，粉丝之所以缴纳会员费，是因为想获得平台提供的独家偶像福利。经纪公司会在此类平台上定期抽奖，所赠奖品包括见面会机会、签名照、签名专辑等，而抽奖又与粉丝的累计消费相关，在这样一环套一环的运营逻辑下，粉丝不得不加入此类会员制平台。

在粉丝经验和平台开发者经验的综合作用下，功能服务型平台被开发出来。这预示着粉丝的参与不再是未被完全意识到的、形态模糊的文化生产和社会交换形式。专业平台的介入促进了粉丝文化生产的成熟，但也彰显了目前粉丝生态的混乱。当下，较为成熟的功能服务型平台有魔饭生、爱豆、Owhat、摩点、超级星饭团、桃叭等，此类平台试图整合粉丝资源，在庞大的粉丝经济中分得一杯羹，大多以分享资讯、应援资源、粉丝活动为主要卖点。例如，超级星饭团最主要是给粉丝提供微博数据监控服务，可以实时监控明星微博，明星是否微博在线、在线时长、发微博、与其他艺人的互动和明星行程信息等都会第一时间通过平台信息提示反馈给用户。魔饭生的最主要功能是净化偶像微博词条。在微博搜索偶像姓名时经常会出现词条联想，在这种情况下消灭"黑词条"就成为粉丝的职责之一，魔饭生可以结合系统程序将这一过程自动化。爱豆平台则展示偶像近期活动行程，这可以帮助狂热粉丝准确地掌握偶像动态。Owhat 平台则占据了较大的粉丝产品交易市场，大部分粉丝组织都会选择在 Owhat 上贩卖周边产品。另外，粉丝的集资行为也大多在该平台进行。粉丝组织首先在微博上发布集资信息和周边产品售卖信息，在微博上进行引流，将普通散粉的消费和集资行为转移到 Owhat 平台上，再通过微博和 Owhat 的联动宣传实现集资目标。桃叭和摩点的平台功能类似，二者主要是粉丝的集资或众筹平台。各个平台为了保证用户黏性和用户活跃度，会采用数据打榜、赠送应援等方式吸引散粉参与，例如各平台设置明星榜单，粉丝通过数据打榜获得相应的应援广告奖励，如商场大屏应援、登机牌广告应援、地铁广告应援等。

在基本了解各个平台的功能特性后，可以发现，功能服务型平台受众精准单一，在追星这一垂直领域深耕，但平台功能多与其他社交平台挂钩，功能的实现与其他平台息息相关。这种现象说明目前粉丝社群的运作并没有进入稳定清晰的状态，但参与式文化的市场价值已经被清晰地认识到。

在偶像粉丝这一领域对产品进行深入挖掘已经成为各大互联网平台的要务之一。微博在粉丝社群运作方面具有明显优势——最高的明星入驻率。功能服务型平台只能依靠自身服务亮点涉足产业链下游。内容生产型平台则是依靠稳定的内容生产者巩固了粉丝社群。本质上，偶像的微博内容也是内容生产的一环，基于此的创作文本较为简单，但偶像魅力的加持使得文本生产能够吸引受众，形成黏性。结构对应型平台在建设的过程中要强调内容生产的重要性，这是因为在社交网络和社交密度上很难对成熟平台发起冲击。粉丝参与式文化的圈层独立性目前并不清晰，换言之，伴随粉丝文化生产而生的"影子文化"无论在平台载体还是在变现方式上都无法完全脱离本体。粉丝本身也不希望这种社群建设最终是一小撮人的狂欢，建设社群的最终目的也是获得其他群体的认可。但从功能服务型平台的兴起来看，可以断定的是资本市场和主流文化圈已经意识到粉丝群体的存在价值。但平台的定位目前只能局限于服务性质，平台试图达到的新型社交平台的设想暂时无法实现。

当下功能服务型平台需要在高质量的内容生产、全新的社交模式和高明星入住率三个方面发力，只有这样才能摆脱下游服务的现状，实现创立新型社交平台的目标。这三个方面相辅相成、彼此交融。当平台创新性地发现新型社交关系，从二维平面社交、视频社交走向更加立体的社交格局，自然会成为网民追捧的社交新星，明星自然也会将社交媒体作为强宣传媒介，粉丝也就自然会努力在平台生产文本。结构对应型平台如果完全独立于所有社群则很难发展，粉丝圈层既具有封闭性又具有开放性，在获得内部认同的同时也在向外寻求出口，输出文本生产内容，从而获得更大范围的关注和认同。

本章试图回答了"粉丝在哪里活跃"这一问题。粉丝群体的媒介偏好和大众一样，社交网络和内容生产趋于同样重要的地位，在这种情况下单纯地聚拢一小撮人的结构对应型平台则很难突破瓶颈。八卦作为一种控诉社会角色的独特方式，在粉丝群体很常见。

粉丝八卦的形式包括家常讨论、丑闻议题讨论、牢骚控诉和亲密闲聊。普通女性粉丝既在八卦过程中获得了亲密社交关系带来的快感，又获得了在公共空间宣泄且不被监控的权利。但近年来，这种模式越来越泛娱乐化，经纪公司将营销链延伸至八卦平台，粉丝的自觉和经纪公司的人为操控之间的界限变得模糊不清，粉丝聚集地在网络公共空间供大家讨论议题的作用也随之削弱。

第四章

粉丝日常行为

　　前两章已经回答了"粉丝究竟是谁？"和"粉丝在哪里活跃？"这两个问题。另一个问题随之而来：粉丝在平台上的日常是怎样的呢？在前文的论述中，粉丝的类别有了精细的划分。我们知道不同类型的平台也有不同的功能差异。在这种情况下，粉丝日常行为很难一概而论。整体来看，粉丝在社群中的行为具有感染性、渗透性和号召性。感染性体现在强大的粉丝社群对自己有着清晰的定位，他们既是偶像魅力的沦陷者，又是偶像的自发宣传者。渗透性体现在粉丝组织会有特定的"洗脑包"，即使一开始试图成为粉丝社群中理性的一员，也会在粉丝组织的日常渗透中逐渐形成趋同的"追星观"。号召性体现在粉丝社群中拥有权威的个体对普通粉丝的号召上，还体现在以偶像名义发起的号召上。

　　粉丝社群内部分工各异。粉丝大大和粉丝组织相对而言是社群的管理者，在追星事业上具有显性号召力和组织力。例如，当偶像成为合作品牌的代言人，粉丝大大就会站在偶像和品牌方的角度发起购买号召。在粉丝看来，购买力是衡量偶像知名度的重要标尺之一，因此粉丝大大为刺激普通粉丝产生更强烈的购买欲望会采用多种方式进行言论策划，常见的有卖惨刺激、外部竞争刺激和内部表扬刺激。以偶像名义发起的号召由粉丝大大推动，普通粉丝在这种社群结构中自然而然地成为参与者，积极响应号召。在一系列"洗脑包"的催动下，粉丝圈层的整体实力被大范围激发。号召性和感染性是粉丝圈层内部行为特征，渗透性则体现为粉丝在互联网环境中的无孔不入。社群存在的意义和目的是交流，而粉丝是拥有狂热情感的群体，这一趣缘群体同时追求内部交流和外部交流，他们采用多种新媒体手段进行营销推广，从而为偶像的宣传助力。

反黑

反黑是粉丝的集体行为，主要目的是打击黑粉势力，扭转恶性中伤舆论，帮助偶像在大众面前树立完美的舆论形象。反黑通常是在特定组织"反黑站"的组织下完成的。从行为性质上来说，粉丝的反黑行为大致可以分为两种：一是配合反黑站发布的内容展开行动；二是向反黑站进行举报，方便反黑站搜集信息。

根据《微博社区公约》，违规处理包括两种：内容处理和账号处理。其中，内容处理包括删除、屏蔽、禁止被转发、禁止被评论、限制展示和标注等，账号处理包括禁止发布微博和评论、禁止被关注、禁止修改账号信息、限制访问和关闭或注销账号等。根据现行的《微博投诉操作细则》，只有完成身份验证的用户进行的举报才是有效举报。由于可能存在同一用户反复举报某一特定的用户或内容会被认定为无效举报的情况，"成功反黑"需要众多不同的粉丝用自己的微博账号在特定时间段内一起进行举报。粉丝反黑组织的日常是在微博平台发布反黑任务，将黑粉和恶意言论信息进行汇总，并列出举报原因。一般需要根据微博列出的举报原因对需要反黑的对象进行分类，包括：垃圾营销、不实信息、有害信息、违法信息、淫秽色情、人身攻击我、抄袭我内容和违规有奖活动。粉丝只要点击列表中的网页链接并按照分类进行举报原因的填选，就完成了一次有效反黑。对于类似"不实信息"和"人身攻击我"这样的举报理由，微博会要求补充"举报说明"，反黑站的组织者一般会直接在评论中附上"举报说明"的模板，粉丝直接复制粘贴即可。总结来说，反黑站的工作就是帮助粉丝实现"一键反黑"。

很多粉丝组织都会为普通粉丝提供反黑理由，即在线上举报时需填写的举报说明。以下面这条微博为例：

> 该博主捏造不实信息，多次发表讽刺、侮辱等攻击性强的图像及言论，对艺人及其家人进行人身攻击，恶意丑化艺人形象，严重侵犯艺人名誉权及隐私，对其精神和生活造成恶劣影响；严重危害未成年网友身心健康，严重违反微博社区相关规定，严重破坏网络治安环境。请尽快严肃处理，谢谢。
>
> ——某偶像反黑组微博

　　以该反黑组为例，他们的活动基地为微博平台，此类粉丝组织的管理人员对微博平台的运营和规则非常了解，同时拥有组织号召力。因该反黑组粉丝数量有限，所以反黑站一般会要求粉丝在自己完成反黑后转发反黑微博并@（艾特）三名好友，以在粉丝群体中实现一传十、十传百的效果。反黑站所更新的清单列表中的内容一般来自粉丝给反黑站提供的举报信息。反黑站一般会要求粉丝私信反黑站并提供相关微博内容的截图，而不是直接转发并@反黑站或转发微博的链接到私信，因为转发会在反黑的过程中间接增加该条微博的流量，进一步扩散对偶像不利的信息。此外，反黑站一般会要求粉丝不要私下组团进行反黑，同时还会要求粉丝注意自己的言行举止。这是因为有的粉丝在看到路人对自己偶像的负面评论后会选择私信路人，要求路人删除评论。但是如果粉丝处理不当，这样的行为很容易引发大规模的骂战，不利于维护偶像的形象。因为粉丝社群本质上属于非正式群体，反黑站的组织者发出的呼吁对于粉丝而言并没有所谓的强制力。反黑站的工作得以进行，在很大程度上需要粉丝和组织者之间的双向理解和双向支持。组织者呼吁文案的风格大多是晓之以理、动之以情，具有强烈的感染力。以下是该偶像反黑组发布的一条微博：

　　　　小反黑希望大家可以将心比心。作为管理者的我们，也只是小粉丝一枚，在你们开开心心哈美图的时候，我们却在一条条翻看私信，然后根据情况整理举报，每天看La圾多于看仙子。支撑我们走下去的除了爱豆，就是你们的参与和支持了，请不要让努力做事的人心寒好吗？举报未参与的请继续打卡，参与人数直接关系到举报结果，请动手做。

——某偶像反黑组微博

从微博文案可以看出，组织的感染力主要通过角色置换的方式来实现。从评论来看，粉丝对反黑组的工作基本会表示支持。粉丝自己完成反黑任务后会"打卡"留言并转发。在通常情况下，举报完清单列表内的所有链接，大致需要 15 分钟（根据清单列表的长短，所需时间会有所浮动）。反黑类的粉丝组织多采用共情的方式进行感染，对普通粉丝的吸引力也较弱。可以说，能够在反黑组微博下坚持"任务打卡"的粉丝是偶像铁粉。

控评

控评的主要对象是微博评论。微博上有众多媒体入驻，这类媒体微博有着广大的受众范围。有时候，发布的微博中会提到多位明星，粉丝们认为在这种情况下哪一位明星的粉丝能够在评论区占据主导地位，就可以间接证明自己的偶像有着更高的热度。另外，一些具有争议的明星口碑呈现两极分化，因此，普通粉丝会在粉丝组织的号召下参与控评。经常参与控评的粉丝被称为"数据粉"，他们的日常活动比较枯燥，让人疲惫，需要每日完成定额任务，转发、评论、点赞微博有具体的数据要求。大部分数据粉，拥有若干微博账号，账号就是他们的工作工具，他们同时操作若干微博账号进行评论，提升外界对偶像人气的信任度。官媒可能在一条官方微博中提及若干偶像艺人，对于偶像粉丝而言，这条微博的评论区就是粉丝与粉丝之间的比拼场所——是自家偶像热度更高还是别家偶像热度更高？谁的粉丝力量最强大？各家粉丝都会在官媒微博下快速进行控评，抢占评论前排，在前排回复中进行楼中楼评论、点赞。

控评一方面讲究数量，一方面还会讲究质量。为保证评论靠前，站子会提供"控评合集"，给数据粉确定任务合集。粉丝直接点击合集中的链接就能转到相关微博的正文内容。要求是：首先回复自家偶像排名前五的一级评论，然后对点赞数多的二级评论随手点赞。在数据站的数据粉群聊中，还会确定每日评论任务，每人每天定量完成任务打卡累积到一定量可以获得站子福利。当控评的效果比较理想时，站子会在微博中直接对粉丝群体进行表扬，例如"大家今天的控评十分给力"、"真的辛苦了"或"希望大家加油"等。除了追求微博评论区前五的位置和二级评论的点赞数量，数据站还会注意提升控评的质量。以下面这条微博为例：

　　　　粉丝们可有想过控评的意义是什么吗？如果说评论只是"纯大名期待"或者"选图的滤镜太厚"，那么"控"的意义又在哪儿？

　　　　控评选图一定要高清、正面、滤镜薄的美图！重要的、有意义的或者路人多的博，不管是一级评论还是二级评论，不建议大名刷屏，非常影响感官！

　　××越来越优秀，粉丝也要跟随他的脚步！可否答应本站子，从控评开始改变！

——某偶像数据站微博

　　在控评早期，经常可以看到流量偶像粉丝在微博评论区大刷偶像的名字并添加简单的表情包，格式单调，意义不大。随着越来越多的粉丝社群开始注重控评，数据站开始在追求数量的基础上追求质量。可以看到在以上微博中，站子要求粉丝在控评的时候选择"高清、正面、滤镜薄"的图片，营造自家偶像"颜值能打"的感觉，不想让路人觉得自家偶像的美颜全靠修图和滤镜。因为需要控评的微博往往触及的面比较广，很多路人能看到这些微博，所以在控评时粉丝会主要考虑路人的感受——怎样做才可以让路人对自家偶像有更多好感？路人的审美倾向是怎样的？什么样的言行可能会导致"路人转黑"或"路人转粉"？像图4-1这种大刷偶像姓名和简单表情的评论很容易引发路人的反感，或者会让路人认为这人的粉丝无脑盲从。数据站为了让粉丝控评时有话可说，还会设立控评文案组，根据不同活动场合统一确定文案风格，比如官媒发布春节微博，文案组就会汇总春节控评文案。在实践中可以清楚地看到，文案组控评风格落落大方，在宣扬偶像优质特点的同时，还会结合节日氛围送上节日祝福。以下面的三条微博为例：

图 4-1 控评示例

@××数据站文案组:#偶像全名# 云想衣裳花想容，祝您新年福气浓；一支舞蹈贺八方，苏音缭绕尽欢畅；喜迎新春佳节到，扬扬得意哈哈笑。粉丝们随全能偶像 @ 偶像微博 祝全国人民新年快乐！

@××数据站文案组:#偶像全名# 感谢央视春晚邀约！他是谦逊有礼、热心公益的青年代表，他是初出茅庐便演技受赞的影视新人，他是文能提笔明人志、舞可燃动励人心的全能偶像。期待 @ 偶像微博 春晚舞台惊喜亮相！

@××数据站文案组:#偶像全名# 丹桂飘香，花好月圆，中秋佳节。×× 将于央视中秋晚会带来表演，以年轻人积极向上、坚持拼搏的形象传扬新时代新精神，向世界发出中国声音。@ 偶像微博 祝全国人民中秋快乐！

——某偶像数据站文案组微博

打榜

除了反黑和控评，粉丝还会有组织地为自己的偶像争取"好看的"数据。数据美化包括很多方面，如为偶像争取榜单中的高名次、为偶像的新歌刷热度、支持偶像代言的产品等。偶像们超高的微博数据背后是一个个"数据女工"，他们以刷数据为己任，将为偶像做数据视作自我身份和价值的某种体现。

例如，当偶像发布新歌时，粉丝们会积极打榜为偶像争取微博音乐"亚洲新歌榜"第一名的位置。此类榜单主要是刺激粉丝横向比较的欲望，同期歌手如果在榜单中的位置超过自家偶像，便代表偶像人气的落后，这对于粉丝而言是严重损害他们的集体荣誉感的。因此，粉丝打榜的热情高涨。站子会对榜单的数据进行实时监测，并不断发布微博号召普通粉丝一起行动。除了用自己的微博账号打榜，粉丝们还会自发加入打榜群。在打榜群中，站子会提供大量可用来打榜的微博账号。每位粉丝会认领一定数量的打榜号，负责每天登录这些账号进行打榜和签到，为偶像的新歌等增加热度和流量。由于粉丝手动切换账号难免会耽误时间，为了能够在短时间内刷出很高的转发数，各种各样的转发数据工具应运而生，比如专门用来"轮博"和"签到"的追星App"星援"。

再比如，当选秀节目结束时，粉丝社群会组织全体粉丝参与"搬家"。在粉丝看来，"搬家"是粉丝社群综合实力的重要体现，简单来说，就是凭借粉丝的努力把偶像的微博综合数据打进明星势力榜新星榜月榜前三名。微博的明星势力榜细分为内地榜、港澳台榜，亚太榜、欧美榜，新星榜、韩流势力榜、组合榜、练习生榜。根据微博官方规则，新星榜月榜前三名可以迁移至内地榜。这一简单的规则大大刺激了粉丝的神经。在粉丝看来，榜单的转移就是"搬家"，是一件特别有面子的事情，仿佛从合租房搬到大别墅。"搬家"这一活动并非微博官方号召的，设置不同榜单的本意只是区分新兴明星和成熟明星，也有保护新星之意（成熟明星的粉丝号召力和行动力更强，名次自然靠前，如果不分列榜单，新星可能无人知晓）。但在粉丝看来，进入内地榜意义非凡：一是彰显粉丝集体实力在新星中位列前三，二是代表自己喜爱的偶像已经不再是新星。因此，"搬家"对于新星粉丝而言具有重要的符号意义。由于微博榜单算法复杂、严密，粉丝要完成"搬家"任务并不容易。新星榜的分数组成由阅读人数、互动数、社会影响力、爱慕值和正能量值五项组成，单项的计算方法为相对分，即每个计分项中的第一名为该项满分，其他名次按照与第一名量级取自然对数后的百分比计算相对分。粉丝组织中的数据组会承担起任务分配和任务科普工作，在粉丝社群中按照五大部分布置相应的得分任务。由于每月只有三个"搬家"名额，因此需要粉丝组织的高层具备强大的组织协调能力和决策魄力。在饭圈中，由于粉丝组织决策失误，在"大月"（即本月有较多粉丝组织决定参与"搬家"，竞争激烈）决定"搬家"，造成"搬家"失败、损失百万的事件也常有发生。

商业合作

除了打榜，粉丝社群也非常关注偶像的商业合作情况。偶像的商业合作在粉丝看来就是体现偶像人气的重要时刻，这种合作其实并不需要偶像插手，粉丝会自发地完成合作任务。数据站会就任务和具体目标发微博，晓之以理、动之以情地对粉丝发起号召，并时刻督促粉丝。例如，某位流量偶像和某商业 App 进行合作，他的数据站就以合作目标为己任，号召普通粉丝参与活动。以下面的微博为例：

【活动视频】

【重要 重要 重要】

【见转扩散，每一位粉丝都要了解清楚】

【本条转发不到 3 000，站子生气了】

直接去下载某 App，就是手机里多一个 App 而已，下载下来这些都是偶像的数据。

播放！点赞！留言！都要做！

播放量很重要，找我们宝贝合作了，我们粉丝就要给最大的热情和最好的数据，这些都直接体现了偶像的号召力和魅力。

点赞一下很简单，点赞记得做一下，每天都可以点赞一次，记得哈。留言大家多留几条，留言目标是突破 2 000。

重点：正确的进入方式是站内下拉或微博上的跳转链接，其他方式不计入流量哈。

目前 3 个视频的播放量分别为：1 028.3 万、766.9 万、54.8 万。完全不够，特别是最新视频的播放量，太差了，速度去做，家人、朋友的手机借过来做一下。

这个活动只需你每天花 2~3 分钟就可以完成，这样子都不动手真的要挨打了。

——某偶像数据站微博

该偶像数据站会每天对商业合作中的任务指标（如视频播放量）进行监控，并每天发布非常详细的刷数据操作指南，包括：如何下载 App、如何进入合作界面、每天的最高点赞数、数据的计算方法等。粉丝们在站子的组织下能够创造十分惊人的数据。有的粉丝不仅能够做到每天用自己的手机登录并点赞，还会借用亲朋好友的手机进行操作，希望能够把数据做得更好。例如微博中的这句话："播放量很重要，找我们宝贝合作了，我们粉丝就要给最大的热情和最好的数据，这些都直接体现了偶像的号召力和魅力。"对于粉丝来说，播放量等数据代表着偶像的商业价值。如果在一次合作中，粉丝能够帮助偶像做出非常好的数据，那么偶像以后将会有更多的机会拿到好的合作项目，从而进一步提升偶像的商业价值。虽然对于粉丝个体来说，这些都只是非常微小的日常行为，但是当粉丝们在社群的组织下成为一个整体时，他们将呈现出非常强大的凝聚力。从某种程度上来说，依靠这样一天天点点滴滴的积累，粉丝几乎直接决定了偶像的商业价值。

签到

签到打卡几乎是每位粉丝每天必做的功课。常见的签到平台为微博超话。超话中会发布"签到提醒"和其他粉丝的签到成绩。签到不仅仅是自我提醒，更是粉丝社群提升超话排名的重要方式。签到的内容和格式每一时期都不一样，每一位粉丝都非常重视超话的签到。在人气排名靠前的流量偶像的超话中随处可见连续签到1 000天以上的粉丝。对于粉丝来说，签到不仅仅是一种任务，很多粉丝在签到的时候都会配上自己撰写的文案。在文案中，粉丝会表达自己对偶像的深厚感情。以下面的两条微博为例：

> 连续签到第××天，××××年××月××日。千金纵买相如赋，默默此情谁述，仰天高歌，思绪万千。花开时，叶已落；花落时，叶初生。新鲜出炉的甜味小哥哥，好飒好靓好甜好养眼，今天也是超想我们××的一天。我的男孩，好好休息，照顾好自己，晚安啦。
>
> ——某粉丝微博

我刚刚想起来其他几个超话还没签到，今天的积分还没拿全。然后我就想去签到，不小心手滑关注了隔壁队友的超话，再然后就想进去取关，但是我忘记取关在哪里了，于是就又一个不小心点了签到。我的人生充满了不小心。不小心，不小心……

　　签到第 ×× 天！！午安偶像。

——某粉丝微博

　　从粉丝所写下的文字中可以非常容易地判断出粉丝的属性——女友粉、妈妈粉、事业粉等。连续签到可以换取微博超话中的等级积分奖励。连续签到的天数越多，积分奖励的幅度越大。对于坚持签到的粉丝来说，断签是一件非常痛苦的事情。

代言购买

　　粉丝购买力也是衡量偶像人气和带货能力的重要因素。品牌方在考虑微博数据指标的同时，也会根据以往合作品牌的销量来判断偶像的商业价值。因此，粉丝格外重视偶像的商业代言，"购买"成为实现偶像商业价值的最直接有效的行为。

　　粉丝的行为大致分为以下步骤：官宣留言—自发购买—留言晒截图小票—超话渲染号召—集体反馈。在品牌方官宣偶像代言信息时，粉丝会仔细辨别代言等级，品牌会设定品牌全球代言人、品牌中国区代言人、品牌推广大使、品牌挚友、品牌某产品形象大使等不同等级的代言人称呼，等级差异决定了粉丝的付出成本。粉丝在自治组织的号召下进行购买，粉丝购买呈现重复性和非理性的特点，即购买量会远超需求量。紧接着，粉丝会在品牌方微博下晒购买记录截图并留言，让品牌方直观地感受到粉丝的购买热情，印证偶像的带货能力和商业价值。粉丝们在偶像有了新的代言之后，会在站子的号召下在自己发的微博中插入新代言的超话，为偶像的新代言增加热度。只要经济能力允许，粉丝们都会选择去购买自家偶像代言的产品。这种夹带新话题的行为，有效地实现了在普通受众中的营销推广，使品牌方和偶像同时受益。而品牌方也会巧妙地利用粉丝这一心理，在宣发时间和宣发名称上投入巧思。如果品牌方在偶像生日时卡点宣传，粉丝会认为品牌方对自家偶像非常重视，购买活跃度会随之提升；同理，偶像不同等级的代言身份也会影响粉丝的购买意愿，级别最高的为代言人，而推广大使、品牌挚友、形象大使等称呼的吸引力则相对较弱。

除了购买代言产品，粉丝内部的非理性消费行为还包括购买专辑、付费歌曲、杂志等。粉丝内部会有固定的宣传话术，会从偶像的商业价值、对其他粉丝进行情感绑架、同期艺人销量比较三个角度发起号召。"再说一遍，买一首（付费歌曲）根本不算粉丝，拿出买口红的钱，每个人30首是基本任务！"（摘自公共论坛）可以发现，在部分偶像的粉丝圈层中，为偶像消费是具有强制性的身份标尺，对消费金额的要求也水涨船高。近期，粉丝集资成为热点新闻，某位粉丝将母亲交予代为保管的买种子的钱参与到粉丝集资中，面对母亲的诘问感到慌张，并向网友求助。暂没有固定经济收入的学生粉丝在粉丝内部的话术宣传下也积极参与粉丝集资或代言购买，这种非理性消费行为严重扭曲了青少年的消费观和价值观。

购买偶像代言的产品有时候还会成为不同粉丝社群之间的一场比拼。2016年士力架的营销就是一个非常典型的例子。2016年4月20日，士力架在其官方淘宝店发起了士力架考试版聚划算团购，并将产品分为了四种包装（王源版、王俊凯版、易烊千玺版和TFBOYS版）售卖。这次营销准确捕捉了"帝国"中微妙的粉丝构成——三家的"唯粉"和"团粉"之间的大战正式上演。在这场"战争"中，王源的粉丝展现出了超强的战斗力，7 000份王源款包装的产品最先售罄。

通过上文对粉丝日常行为特征的分析，可以发现粉丝在日常精力、情感和经济上都需要付出高昂的成本。日常行为是巩固粉丝身份认同的重要方式，但要实现对外影响力的扩大还需要粉丝发挥更大的力量。铺天盖地的粉丝应援正是推广偶像的关键手段。

第五章

粉丝应援文化

应援文化的起源

近年来，媒体对"应援"及其文化现象的报道指不胜屈。"应援"一词和网络流行语"打 call"一起成了粉丝文化中的出圈用语，并呈现圈层褪色的特点。报道中提及"应援"的频次较高。在搜索引擎中输入"应援"，并查找相关新闻资讯，可以发现在大众语境中"应援"与"加油""助力""支持"画上了等号。在访谈中，也有很多"圈外人"直言自己所接触的应援就是加油，"我经常能看到炒作土豪粉丝的娱乐新闻，他们会做'豪不可及'的应援项目。在我看来，应援就是用各种方式来表达对偶像的支持"。应援文化并不是粉丝文化的全部，但却是其中重要的一部分。应援文化既是粉丝经济产业的核心体现，又是大众眼中粉丝的主要行为表达。

"应援"的本义为"接应援助"（常用于军队），无论是就语义关系还是常用语境而言都与当下有较大出入。"应援"在当下为日语"応援"的延伸，其本义为"借助力量救助"，后在体育赛事和音乐产业中延伸为加油助威。随着日韩偶像产业的成熟，应援不再是简单的现场打气，而是逐渐成为粉丝群体中有组织、有宣传目的的集体活动，如投票、集资、打榜、线下宣传等都可以归结为应援。总之，应援形式、应援目的、应援策略都在偶像产业的催化下发生了巨大转变。

起初，日本高校的体育赛事中最早出现"应援团"，此时，应援团就是啦啦队的意思，指的是在比赛中为所支持的队伍或选手呐喊这种助威方式。早期，应援形式简单，助威观众着装统一并喊着相同的助威口号；应援目的直接明了，在运动赛场上以观众视角渲染激烈态势，同时为赛场上的选手助长士气；应援策略强调符号意义和层级关系，应援团成员会统一服装、道具、口号、手势等，按照明确具体的规章制度行事，同时强调长幼有序、各司其职。原始意义上的应援组织的种种特征在后续得到了更广泛地发展，同时应援在后续的文化演变中有了更加具体的应用。

日式应援的跨界发展

日式应援是当下应援概念和应援文化的滥觞。日式应援经历了从体育界到娱乐界的跨界发展。20 世纪 70 年代初，日本偶像产业逐渐繁荣，偶像与粉丝之间的距离在偶像经纪公司的操作下逐渐缩小，以山口百惠、中岛美雪为代表的新一代全民偶像亟须和粉丝建立亲密互动，这促使应援文化从体育赛事走向了娱乐产业。应援团的雏形"亲卫队"出现了，团队成员统一服饰、道具（一般是荧光棒）、口号（偶像名字和定式口号），在偶像演出现场有节奏、有组织地为偶像喝彩，这便是御宅艺的雏形。20 世纪 90 年代起，日本偶像经纪行业和 ACG 产业走向成熟，日式应援逐渐拥有了自身特色，形成了独特的御宅艺应援体系（日语：オタ芸 / ヲタ芸），包括打艺、Wota 艺或 Ota 艺，中文统称为"打 call"，这是一种由御宅族（二次元喜爱者，动画、漫画、游戏等忠实爱好者）或偶像支持者表演的舞蹈或打气动作，其中包括跳跃、拍掌、挥动手臂和有节奏地喊口号。御宅艺通常在演唱会、有关动画和漫画的活动以及偶像支持者的聚会中出现，是一种独特的、自发的、台下参与和台上互动的参与方式，很大程度上是为了渲染现场氛围并提升台下观众的参与感，主要目的是表达对偶像的尊重并享受现场乐趣。应援并不是具有强制性的偶像活动的现场参与方式，但很多粉丝坦言在活动现场会自然地融入打 call 应援队伍中。

> 这种活动太具有煽动性了，我会很自然地去学习如何打 call，而且我们很多小伙伴就是为了畅快打 call 来看剧场的（live 活动现场）。
>
> ——被访者

进入 21 世纪以来，日本偶像产业逐渐形成三大特色流派：以杰尼斯为代表的养成系少年偶像、以 AKB48 为代表的少女偶像、以二次元御宅族为受众的 ACG 偶像（包括声优、虚拟偶像等），御宅艺应援体系也逐渐完善。简单而言，御宅艺这一应援模式从 20 世纪 70 年代起初露端倪，在松田圣子和近藤真彦的演唱会上有类似当下 Wota 艺的行为产生；"ヲタ芸"这个概念从早安家族走红后确立，渐渐也流传到其他偶像的粉丝圈中。如今，常见的御宅艺应援形式有 Call（日语"コール"）、MIX 和打艺（分为"地上艺"和"地下御宅艺"）。本身都是台下统一呼喊，比如运用弱拍补足原理喊出"Hai"一类的简单口号或根据歌曲节奏打拍子。不同的应援方法会融合不同的肢体动作、荧光棒挥舞方式、穿着打扮、音乐节奏等。但不同的应援都是一种互动方式，在粉丝渲染现场氛围的过程中增强其参与感，表达对偶像的支持、喜爱与鼓励。

韩式应援的形成

韩剧《请回答 1997》向我们展现了 20 世纪 90 年代韩国追星族的疯狂和韩娱粉丝应援的雏形。20 世纪 90 年代后期，在日式应援的基础上，韩国的应援文化逐渐成熟，这一时间节点与偶像产业的发展契合。粉丝经济与偶像经济是共生体，繁盛的偶像经济必然催生蓬勃发展的粉丝经济。在这一时间节点上，韩国本土偶像组合 HOT、水晶男孩相继出道，在大范围收割忠实粉丝的同时刺激了粉丝应援形式的丰富发展。为增强粉丝社群的活跃性与黏性，偶像团体所属的经纪公司主动将日式应援文化引入韩国娱乐行业中。偶像组合 HOT 所属的经纪公司 SM 首次将"应援色"这一概念引入韩国的娱乐工厂（张弨，2018）。正是这种社群团体内形式上的身份认同感增强了粉丝群体的凝聚力，提升了粉丝群体的团结程度，并培养出了他们鲜明的社群意识，增强了对偶像活动的参与感。在韩剧《请回答1997》中，身着白色雨衣、手举白色荧光棒、手持白色气球的忠实粉丝是应援队伍的主力。"白色"是他们的身份符号，在粉丝混战中也是凭借应援服颜色区分敌友。

　　韩式应援除了确定应援色以外，还确定了官方粉丝名称、应援物、应援logo、应援口号等。以偶像组合HOT为例，"白色海洋"是经常出现在演唱会现场的盛况，大家手持白色荧光棒或白色气球，身着白色雨衣或T恤，在演唱会现场跟着音乐律动，在歌曲前奏和副歌部分响亮地喊出偶像团体的应援口号，这种应援盛况拉开了韩式应援走向成熟的序幕。"白色海洋""橙色海洋""红色海洋""蓝色海洋"等成为每一代人的专属记忆。逐渐走向成熟的韩式应援极大地增强了粉丝群体的凝聚力，也给粉丝更多的情感表达空间和情绪宣泄渠道，追星这件事不再是孤零零的个人战斗，应援的符号性给追星添上了鲜明的集体色彩。在偶像和粉丝的良性互动下，韩国的娱乐产业更加繁荣。"白色海洋"具有时代开创性，自此，应援色、应援物、官方粉丝名称等逐渐成为每一个韩国偶像粉丝群体的必备要素，衍生而来的各色"海洋"成为各个年代粉丝的专属追星印记。韩式应援的成熟具有继承性和开创性，在日式应援的现场参与感基础上增添了符号性和归属意义。

韩式应援的成熟

21 世纪初，应援文化进入 2.0 时代。粉丝应援范围不再局限于 Live 和 Concert 等活动现场，而是逐渐扩展到公共空间。这种更加成熟的应援体系也是当今应援文化的重要组成部分。应援这一概念拥有了更为广泛的含义。在应援范围上，应援主要包括三大部分：宣传应援、现场应援、节点应援。宣传应援是指在偶像作品（音乐作品、影视作品等）发布初期，粉丝会积极地自发宣传，投放大型广告从而为偶像造势。例如，粉丝会在公交车站、地铁站、飞机场等公共场合投放 LED 广告屏或户外广告牌，发挥对路人群体的告知和吸引作用。现场应援则是指粉丝把对偶像的爱融入偶像的工作日常，例如将准备好的食物送进偶像剧组、录影棚等，偶像打歌期间为工作人员准备餐车应援，偶像演唱会现场准备花墙、注水旗、花篮应援，包场观看偶像的影视作品等。节点应援是指在偶像生日、出道纪念日等重要时间节点进行应援，形式不限于广告投放，还包括以偶像的名义参加公益活动。

在组织形式上，粉丝组织的运作有了更加系统规范的社群架构，宣传应援、现场应援、节点应援三大部分均由专门的粉丝组织负责，粉丝社群之间有了更加明确的分工、更加严密的结构、更加系统的体系。在应援形式上，粉丝社群有专业的策划团队，在公益事业、社会责任、国民普及度等层面进行不同形式的应援策划。进入 2.0 时代的应援文化没有千篇一律的形式，粉丝组织更多地将目光投向宣传领域，努力帮助偶像进入大众视野，使得更多的粉丝加入组织。随着二代男团、女团的崛起，传统应援在经纪公司的操盘下也发生了变化，除传统官方应援物（应援服、应援荧光棒）之外，周边也成了应援开发的一部分，印有组合 logo 的文创产品推动了粉丝经济的第一波浪潮。根据韩国创意内容机构（KCCA）的数据分析，2018 年韩国偶像衍生产品市场的销售总额达到了 1 500 亿韩元（约 8.92 亿元人民币）。韩式应援的全方位成熟给东亚粉丝提供了追星范本，应援不仅可以是热烈的现场参与，还可以是粉丝社群内部配合默契的推广活动或公益活动。同时，韩式应援的创新性突破也重新定义了应援，应援不再是狭义的现场"打 call"，而是具有广义参与性的粉丝集体活动。在各国应援文化的发展历程中，应援对象从偶像跨越到影视明星，应援形式从宣传推广扩展到公益基金会，粉丝在集体活动中强化自身的喜爱度和忠诚度，在无限的付出中增强集体意识。应援活动的本质是进行符号消费。符号消费理论的核心是：人们消费的不是商品或服务的使用价值，而是商品或服务被赋予的符号意义。让·鲍德里亚在《消费社会》中总结道："消费，它是一种符号的系统化的操控活动。"

应援文化的案例研究

为了更清晰地展现我国本土的应援文化，笔者选择 TFBOYS 偶像组合成员生日应援做深度分析。此次研究所讨论的应援文化是广义上的概念，目标对象仅局限在中国 TFBOYS 粉丝市场，更多地探讨 TFBOYS 粉丝在应援活动中的组织结构、活动形式及价值意义。

中国的应援文化同偶像文化一样，属于舶来品。2005 年，中国娱乐产业第一次有了关于偶像和明星之间的区别意识。《超级女声》的出现使得偶像产业生根发芽。该档选秀节目将粉丝应援文化引入中国，粉丝会以选手喜爱的颜色作为歌迷会的专有色。此时，粉丝后援会等组织并未成熟，专属颜色也并未发展为应援色，颜色更多的是划分阵营的标志。这种粉丝效应使得后续的偶像团体的粉丝逐渐成熟化、系统化、规模化，为应援文化在国内的传播打下了基础。

TFBOYS 的出现为中国偶像（尤其是本土男团）市场注入了新的活力。在"限韩令"等客观条件的作用下，TFBOYS 逐渐成为非常有影响力的偶像团体，其粉丝规模也逐渐突破偶像市场的想象。在庞大的粉丝基数基础上，在偶像市场逐渐成熟的推动下，在应援文化逐渐迁移的过程中，TFBOYS 的应援活动逐渐具有本土代表性。其中，最有代表性的是三位成员的生日应援和周年演唱会应援，本节将着重介绍组合成员生日应援活动。

自 TFBOYS 组合 2013 年出道以来，粉丝为三位成员共举办了七年生日应援活动。从社会舆情的角度来看，粉丝发起的生日应援活动吸引了较多的舆论关注。相关数据显示，七年来和 TFBOYS 生日应援相关的资讯约为 6 260 000 条。以 2017 年组合队长王俊凯 18 岁成人礼生日应援为例，在搜狐、百家号、今日头条、网易新闻等媒体平台约有 65 400 条相关资讯。在互联网生态环境中，粉丝自发的庆生行为已逐渐发展成媒介事件，其舆论关注程度可见一

斑。本节将从应援概况、起源及背景、分工及具体流程等角度来梳
理 TFBOYS 成员的生日应援，并总结生日应援过程中的生态链条。
从上文的论述可以得知，在当下偶像市场趋于成熟的时代环境中，
粉丝发起的应援已经有了较为固定的运作体系和组织架构。出于对
偶像无私的爱与支持，粉丝将偶像生日应援看作最为重要的应援活
动，了解这一庆生行为背后的组织架构、运作模式、生态链条对了
解当代粉丝文化具有巨大价值与意义。

TFBOYS 组合成员生日应援概况

通过参与式观察，笔者总结出了 2014—2020 年期间组合成
员生日应援的概况。在生日应援内容监控过程中，数据参考组合
成员官方粉丝组织的数据汇总（微博 ID 分别为：@ 王俊凯微吧、
@ 王源官方后援会、@ 易烊千玺官方后援会），其中公益应援包
含捐建基础设施、疾病灾难救助、助力教育成长、关怀弱势群体、
保护生态环境、爱心救助动物、支持文化传承等维度，宣传应援
包括特色应援、媒体应援、城际 LED 应援、交通应援、城际生活
应援等（见表 5-1）。

表 5-1　TFBOYS 组合某成员近七年来生日应援总结（不完全统计）

	公益应援总数	宣传应援总数
2020 年	169	49
2019 年	100	46
2018 年	113	52
2017 年	60	50

续表

	公益应援总数	宣传应援总数
2016 年	51	68
2015 年	10	36
2014 年	4	20

TFBOYS 组合成员生日应援起源及背景

粉丝们为偶像发起生日应援是对偶像的支持和爱意的集中表现。通过使某些事物或实践具有重要性，粉丝"授权"给它们，让它们为自己代言，这些事物或实践不仅成了发言人，还是替代性声音（就像我们跟随流行歌曲唱歌那样），粉丝赋予自己投入的对象权威性，让这些投入的对象代表 / 为自己说话（陶东风，2009）。因此，生日应援的出现并不是 TFBOYS 组合的专利。但这一组合粉丝却将生日应援做成现象级媒介活动乃至社会活动，这一行为背后有着复杂的现实原因和社会动机。

从现实原因的角度来看，由于 TFBOYS 组合成员的粉丝之间的复杂矛盾，生日应援成为成员之间人气高低较量的修罗场。每年的 9 月、11 月，是组合中三位成员的生日月（王俊凯生日 9 月 21 日，王源生日 11 月 8 日，易烊千玺生日 11 月 28 日），这两个月内，不同粉丝社群之间会发生最为严重的竞争，言论争端会超出平均水平，达到小峰值。另外，由于生日应援的先后次序，粉丝之间普遍存在"一浪更比一浪高"的心态，即恶意攀比、蓄意竞争。另外，即使偶像是同一个，不同粉丝组织之间也会存在竞争。除了生日应援的体量，每年各个粉丝社群之间互相攀比的还有生日应援的范围和品类。可见下面的例子：

> 之前大俊家（王俊凯粉丝的代称）做过的应援项目，我们是肯定不会考虑的。往年做过的呢，也不会再花钱做了。而且我们还会去做一些更高质量的。
>
> ——焦点小组被访者
>
> 策划生日应援很烦的，我们去年好不容易想好在三里屯××地做一个生日应援，结果就被其他站子给抢走了，他们多花了2万多。每年这种情况都很常见，所以我们在（同一个）应援群里也不会提前透露自己站子的策划方案。
>
> ——焦点小组被访者

从社会动机的角度来看，粉丝社群之所以追求体量庞大的生日应援，是希望能够靠自发行为自主为偶像宣传。以TFBOYS组合队长王俊凯18岁成人礼为例，粉丝高规模的生日应援在广告门的评估中与成熟公关公司的公关活动画上了等号，并作为2017年9月五大营销案例之首。因此，粉丝在策划和开展生日应援的系列活动时大多秉持着扩大偶像社会影响力这一目标。随着偶像社会地位、国民度的逐渐提升，粉丝的目标发生了变化，更多地希望通过粉丝社群的行为彰显偶像的社会正能量和社会责任感，因此生日应援大多选择公益项目。近年来公益应援的数量大幅提升，在饭圈妖魔化的浪潮中，粉丝希望凭借公益应援转变公众对偶像的妖魔化印象。可见下面的例子：

前几年，我们做生日应援其实很大程度上是希望可以让他出圈，让更多的路人了解他，就是提高国民度。但近几年，就这方面而言，他们根本不需要我们粉丝帮忙了，（个人觉得）是个中国人都认识他们，我们就多做公益应援活动吧，多体现一下他作为偶像的社会正能量。

——焦点小组被访者

TFBOYS 组合成员生日应援分工及具体流程

TFBOYS 组合成员的生日应援呈现出多点开花的特征，在全国乃至世界范围内均有相当数量的生日应援。不同范围、不同体量、不同种类的生日应援是由粉丝群体中有着稳定体系的粉丝组织完成的。在粉丝圈层中，完成各项应援活动的粉丝组织被称为"站子"。当然，也有个别散粉联合完成项目应援。尽管 TFBOYS 组合粉丝众多，但能够实际参与各项应援活动的粉丝数量并不多，这部分核心人物往往掌管着整个粉丝圈层的"荣辱"（焦点小组访谈记录）。核心粉丝按照分工可以粗略地划分为两大类：一类是有着金钱资本的"金主爸爸"；另一类是有着"一技傍身"的专业人士，例如熟练掌握 Photoshop、画画、视频或音频剪辑、策划等技能的人士。这两类核心成员在生日应援的分工和具体流程中分别发挥着重要作用。

整体来看，依据生日应援的体量和组织形式，应援活动可大致分成多社群联合应援和单社群独立应援，单社群独立应援在普遍意义上可以归为个人应援。多社群联合应援是指在同一个粉丝圈层的不同社群通过 QQ 群或微信群的联系，共同交付一项应援策划方案、设计一套应援所需物料、完成一次应援活动。例如，在易烊千玺 17 岁生日时，"AthenaApolla_易烊千玺个站"联合"小王子_易烊千玺台湾个站"共同策划了台湾地区的生日应援活动。单社群独立应援则是指应援活动的全程由单个粉丝社群完成，社群内部成员按照方案策划、联系沟通、筹集资金、跟踪项目、反馈汇报等环节进行详细分工，独立完成一项生日应援。而这一类应援往往由个别粉丝主导，因此，此类应援又可以归为个人应援。可见下面的例子：

> 我们站子的微博粉丝有几十万，但不是这几十万粉丝都会参与生日应援。其实，只是站子的核心管理层会参加，加上给钱的"金主爸爸"，不会超过十个人。"金主爸爸"又给了那么多钱，不会让他们干活。所以，可能干活的就只有我们三五个人。

——焦点小组被访者

> 站子策划生日应援，尤其是大站。感觉每年做应援依靠推力前进，散粉会有一点道德绑架，你们去年做了啥啥啥，今年应该更好才对，所以我们几个人就会和其他站子联系，搞几个联合应援，大家都轻松，但我们自己站子的应援也必须得有，

这算指标吧。

——焦点小组被访者

通过参与式观察和焦点小组访谈等研究方法，可以发现无论是生日应援还是普通应援，基本上都需要以下五大环节。

方案策划

粉丝社群，也就是粉丝圈层中的"站子"，往往会预先进行方案策划。根据活动的重要程度不同，提前策划的时间也会有所区别。

> 像生日应援这种，我们可能会提前半年就开始策划方案了。去年成人礼，我们是提前了整整一年做方案。
>
> ——焦点小组被访者
>
> 肯定要提前的，人家广告公司还要做广告排期呢，而且越早策划、越早联系价格越低……
>
> ——焦点小组被访者

另外，粉丝社群在提前策划的同时也会提供若干备选方案，在协商策划和沟通讨论的过程中，很多方案会因为可行性不足、收益低等原因搁浅，因此需要准备更多的备选方案。

> 一开始我们会想七八个方案，大家讨论时觉得还可以的都会试着去联系，但是最后实践的可能就只剩三四个了，这是正

常的。很多方案在审批等环节都会出问题。

——焦点小组被访者

在策划方案的过程中，粉丝社群内部成员对方案的质量有严格要求，方案往往需要同时满足形式新颖、恢宏大气、保证效益等几个要求。在近些年 TFBOYS 组合的国民度逐渐提升的情况下，粉丝社群会对彰显社会责任感和公益价值有更多的要求。

现在我们做应援，首选公益应援，主要是工作室现在也不会轻易给大屏授权。就像去年，××工作室就只点赞了做公益的活动，包了架飞机那么贵都没有点赞。而且国家有关部门的意思也是更希望粉丝做些具有正能量的事情。

——焦点小组被访者

看起来有排面是非常重要的。其实我们都知道很多应援一点都不贵，但外人看起来就会觉得特别烧钱，这一类的我们做了还挺能满足虚荣心的，就像买星星命名权，一颗星星的命名权才花多少钱呀，但是路人就会觉得粉丝群体厉害。

——焦点小组被访者

联系沟通

联系沟通是应援活动的核心环节，往往决定应援策划的"生死"。所谓的联系沟通，是想方设法联系渠道，通过谈判的方式达成协议，最终促成项目的落地。对于粉丝社群的成员来说，联系渠道是最困难的。常见的探寻渠道的方式有以下几种：一是委托专业中介机构进行对接；二是通过人际关系进行对接；三是"一无所有从零开始"。

当下，随着娱乐产业的繁荣，在粉丝经济的催化下，出现了众多从事粉丝应援工作的专业组织，它们作为中间商负责沟通粉丝社群和广告商两端。这些广告商往往掌握部分优质广告资源，通过中间商联系它们能省掉大量时间与精力。在取得联系、敲定项目后，粉丝社群只需要提供电子物料并从经纪公司获得肖像权授权即可。但这种联系沟通方式会在项目的最终落地时产生更多的花费，需要支付一定的中间商差价。

> 大一点的站子是不会让它们挣差价的。我当时去重庆，就直接要了当地广告传媒公司的联系方式。直接对接广告商，会省些钱。
>
> ——焦点小组被访者

> 我们站子的那个××项目就是因为策划晚了，时间太紧张，自己联系××公司广告排期做不到。那就只能联系××网站，它帮我们对接了××公司，最后是做成了，但花了不少钱。
>
> ——焦点小组被访者

当涉及较为新颖的应援活动时，中间商就会失去资源积累的优势。在这种情况下，粉丝社群内部成员会选择依靠人际关系进行渠道探寻。比较困难的情况是粉丝社群从零开始，完完全全依靠微博私信方式去联络渠道。这种联系方式虽然在前期需要付出高昂的代价，但在后期往往会取得丰厚的收益。

> 我们今年的应援活动是通过微博私信联系到 coco 的。我们先是找到了 coco 的郑州分区代理，他给了我们上海总代理的联系方式，后来又联系了上海总部，谈判了很久，我们的项目才落地。
>
> ——焦点小组被访者

> 很多"金主爸爸"都是 ×× 公司的高层之类的，这样联系起来就方便许多。而且追星的圈内人也挺多的，这种粉丝就可以帮忙一起联系媒体。优质的粉丝还是蛮重要的。
>
> ——焦点小组被访者

筹集资金

应援资金的筹集是应援活动落地的重中之重。根据应援组织形式和粉丝社群内部构成，筹资方式可分为以下几种：一是站子成员内部众筹；二是站子盈利资金的循环利用；三是"金主"独资或品牌赞助。

站子（尤指应援站）有着各异的内部规则。个案研究显示，部分站子会定期收取会员费，由站内财务人员专门管理。"站费"往往按月缴纳，金额在 30 元至 500 元不等。有的站子内部成员年龄偏大，其中成员多为经济实力雄厚的工作人士，会定期收取站费，

用于支撑偶像个人代言品牌消费。这部分日积月累起来的专项资金
也会用于生日应援等大型应援活动。在日常积累的资金基础上，站
子还会选择以站内临时众筹的方式分摊应援费用。

> 我们一个月交 30 元的站费，在 8 月（周年演唱会应援）
> 和 11 月（易烊千玺生日应援）站费会涨到每个月 100 元，这
> 些也肯定不够，到时候需要多少我们再分摊……组织里也就
> 20 多个人，人不是很多。
>
> ——焦点小组被访者

站子也会自制周边产品进行贩售。粉丝社群会将 TFBOYS 影像
用于制作海报、马克杯、T 恤、扇子等周边产品，再用贩售周边产
品获得的资金来补贴应援活动。

> 现在三小只这么红，买周边产品的粉丝越来越少，东西卖
> 不出去，没有前几年挣得多了。很多粉丝不会买账，这部分资
> 金没法循环使用很久。
>
> ——焦点小组被访者

"金主"独资和品牌赞助往往也是集资的重要方式。粉丝社群
中有着数量相当的"金主爸爸"，在很多时候，"金主爸爸"会根据
策划方案的合理性和预期收益决定出资比例。在大额出资乃至独资
后，不足的部分由站内其他人员均分。品牌赞助则大多集中于剧组

应援或节目应援，部分品牌会作为赞助商参与应援活动。例如，聚能环电池就曾赞助了 TFBOYS 官方后援会，从而解决了粉丝灯牌电池的供应问题。

> 品牌赞助现在不是很敢接。有的时候，粉丝组织接的品牌很可能和代言品牌是竞品。四周年时，我们接受了一个品牌的赞助，什么都谈好了，公司出了公告说不行，那两个品牌确实是竞品，我们现在就不太敢接品牌赞助了。
>
> ——焦点小组被访者

> 大站一般都有几个"金主爸爸"，还是很需要他们的，他们有的时候把三分之二的钱都出了，我们干活的出出力就行了。
>
> ——焦点小组被访者

跟踪项目

为达到最佳的应援效果，并确保资金用途合理，应援组织者会对接项目细节，并实时跟进执行方的工作进程。在粉丝社群分工中，部分人员会在资金到位后负责跟踪项目，直至项目落地。在这期间，成员需要提供物料，从经纪公司获得肖像权授权，并且在活动即将上线前，在微博、今日头条、百家号等平台造势，为项目进行宣传。

> 这段日子就很担心出岔子，每天都要问问进展如何；和经

纪公司联系也很复杂，尤其是获得经纪公司的授权。现在，我们可以直接给经纪公司发邮件了，还要每天多催催，经纪公司回复并不会很及时。

——焦点小组被访者

此外，生日应援中的很多活动并不只持续一天，尤其是很多公益应援需要进行长期的项目跟踪。例如，易烊千玺的生日应援是为期两年的希望小学捐建活动，这就要求粉丝社群成员定期和公益基金会联络，确定学校建造和教师配备等事宜，保证一切到位。

反馈汇报

社群组织在基本促成应援活动的落地后，还需要向参与众筹的部分粉丝、期待应援效果的全体粉丝进行汇报展示。在这一阶段，粉丝社群会制作长图公告，将所做项目的基本内容、预计效果、参与人员等进行公示，同时还会出示各种凭证（如合同、协议、单据等），以明确资金走向。

散粉也会在活动公告公示后参与其中。常见的行为多为"粉丝认证打卡"，普通粉丝会按照相关指示验证应援内容，拍照并上传微博，一是肯定粉丝社群的工作成果，二是印证自己的粉丝身份，从而获得极强的参与感。

TFBOYS组合成员生日应援的生态链条

经典媒介现象的背后通常有规律、完整、成熟的生态链条，TFBOYS组合成员生日应援正是如此。在形成、发展、规模化的过程中，多个主体共同参与，各部分相互作用，逐渐形成了特定的生态体系和价值链条。在 TFBOYS 组合成员生日应援的全流程中，粉丝社群、资本品牌、媒体、经纪公司和成员自身共同促成了生日应援这一媒介现象，并使其发展成为一种文化现象。正是多主体之间的良性互动使得生日应援成为每年的必备项目，构成了应援的价值链。

概括来说，这一流程大致遵循这样的运作规律（见图 5-1）：粉丝社群联合行动—资本品牌借势参与—媒体紧抓热点舆论—经纪公司授权参与—TFBOYS 组合成员反馈结果—粉丝社群受到鼓舞。这一运作规律使得 TFBOYS 组合成员生日应援得以平稳发展，并在中国偶像市场中越发成熟，在应援文化中越发有话语权和代表性。

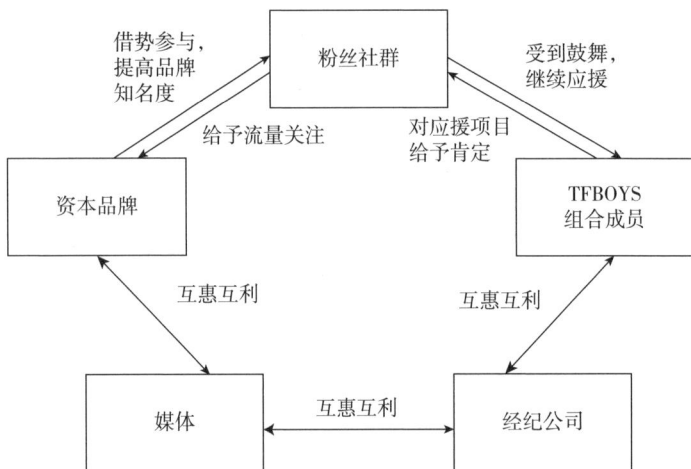

图 5-1　应援活动运作规律

商业资本借势推动

在 TFBOYS 组合成员的生日应援中，粉丝主导的文化现象已经逐渐演变为文化产品。在应援的各个环节，都有了更多商业资本的介入，企图在注意力经济中分得一杯羹。从整体上看，文化已经演变为消费文化，文化以产品的形式被生产、交换和消费，为了获取利润被大规模地生产出来，然后在一个"异化"的社会体系中被消费（罗钢、王中枕，2003）。正是因为此类文化产品体系成熟，在实施的各阶段可以从中谋取利益，商业资本才被此吸引，其介入方式随着偶像市场的转型升级有了不同模式。

在偶像市场尚未成熟阶段，商业资本的介入并不明显，甚至是被动介入的。在这一阶段，粉丝的应援并没有发展为成熟的娱乐产业，多为粉丝社群自发性活动，规模小、体量小。部分粉丝会以QQ群、微信群为社交单位，在特定时间举办线下聚会，通过VCR的方式送上生日应援祝福。咖啡厅、饭店等公共场合会被粉丝社群"包场"，并进行简单的布置装饰。例如，2017年TFBOYS组合队长王俊凯的18岁生日，就有粉丝包下私人影院为王俊凯庆生。因此，商业资本的介入并不是自发而主动的，此时的介入和其他类型的商业活动并无二致。

随着偶像市场的成熟，商业资本有了更多的营利渠道。据统计，当今和粉丝相关的App不计其数，目前拥有坚实基础的有Owhat、超级星饭团、魔饭生、爱豆等；视频门户也利用自身独有的视频资源开发粉丝集聚地，例如，爱奇艺旗下的泡泡圈，腾讯视频旗下的doki。这些成熟的商业模式会在粉丝应援不同阶段提供相应服务。2016年，音悦台发起了以"向全世界安利你的偶像"为主题的抢占地铁应援广告牌活动。音悦台包下了首尔和北上广地铁站的 300 个广告牌，由粉丝投票决定偶像能拥有哪些地段的广告应援位，普通用户每天能投 5 票，音悦台 VIP 每天能投 8 票。经过激烈的角逐，易烊千玺的粉丝以超过 310 万的票数拿下 5 个应援位，王俊凯和王源的粉丝分别拿下了 4 个和 3 个应援位。光是 TFBOYS 三家粉丝就为这个以应援为噱头的品牌营销活动贡献了千万级别的流量。继偶像代言和周边产品出售之后，应援文化成为商家收割粉丝的另一个突破口（张弨，2014）。

在互联网时代，注意力经济是互联网经济浪潮的重中之重。而粉丝社群这种自带流量的商业模式自然而然地吸引了大量商业资本。

> 经常会有这种情况：看起来很牛的应援其实是和专业的商业资本合作的，再经过包装加工后展示出来。就像是 ×× 的生日应援，×× 个站送了偶像 ××，其实这种应援并没有完全地购买所有权，只不过是联合投资代理公司共同进行的。粉丝实际上只是以较低的价格购入永久使用权。但说出来就很唬人。
>
> ——焦点小组被访者

经纪公司参与造势

经纪公司与旗下艺人之间是互惠共生的。而对于粉丝社群来说，经纪公司是一个特殊的存在。以生日应援为代表的应援活动对于经纪公司而言是一次自发性的宣传活动，即使在大众刻板印象中追星是一种不理智的行为，经纪公司对天然带有社会争议性的粉丝行为也并不明确抵制。争议对于艺人这种文化产品而言是必要的，因此经纪公司的态度往往是暧昧不清的。另外，随着生日应援等的普及，经纪公司对应援的态度也逐渐转变为支持与赞许。

去年工作室就把生日应援中和公益相关的活动都点赞了一遍。

——焦点小组被访者

除了态度，经纪公司也会在行动上有一定的举措。在 LED 屏幕投放偶像照片往往需要从经纪公司处获得肖像权授权，核心粉丝在联系经纪公司后，经纪公司一般均会配合，提供相关授权书。另外，经纪公司也会定期与部分粉丝社群保持联络，将偶像近期的通告安排、航班信息等告知，方便粉丝社群策划筹备相关应援方案。个别情况下，经纪公司的工作人员会协助粉丝将应援食物和生日礼物搬进影视基地、演播厅后台、摄制组大本营等半封闭的场所。

在应援期间，经纪公司还会联络熟识的媒体发布通稿，在舆论氛围方面帮助粉丝组织造势，从而提升自家艺人的知名度、国民度。近年来的发展趋势是，经纪公司会将宣传重点放在公益项目上，提升普通网民对自家艺人的好感。

TFBOYS 组合成员肯定性反馈

对于偶像而言，他们有着严格的行为准则。受台前台后舞台理论影响，偶像的很多观点都很难自由表达。对于生日应援，

TFBOYS 组合成员甚少在公开场合表达对声势浩大的生日应援的感谢，以免造成价值导向误会；而是由北京时代峰峻（即 TFBOYS 组合所属经纪公司）举办生日会，以表达对粉丝的感谢之情。生日会包括生日应援视频总结播放、寿星表演节目、组合成员送上祝福并陪伴吹蜡烛许愿等。偶像会私下对粉丝的应援活动集中表态，这种鼓舞和赞许会带给粉丝更多的成就感，从而激励他们继续做下去。

第六章
同人文化

耽美同人文化的世界

在大众文化潮流中，一种新异独特的女性亚文化现象逐渐占据显著位置，越来越不容忽视。这种亚文化和异性相恋的主流文化不同，崇尚同性之间纯粹的情感交流和美好的感官体验。这种亚文化一般被称为"耽美文化"，其受众一般被称为"腐女"。在粉丝社群中还有另一类与之相关的亚文化，即由同好基于商业内容再创作的同人文化。"同人"这一概念源于日本，本意为"同好，有相同志向的人"，在日本是指业余创作和流通的作品，区别于正式的商业出版物，由个人或小团体自主自费制作。在国内，同人的内涵则侧重于再创作这一过程，和原创相对，是以原著人物或现实人物为蓝本进行的二次创作。写手大大（女性写手称为"太太"）就是精于同人文创作的粉丝意见领袖，同人视频的精英创作者被称为大佬、神仙等，他们在思维发散和思维重聚的过程中，以文本生产为载体聚集大量同好，幻想力在同好群体的交流中相互刺激、逐渐壮大。耽美，是同人文本生产涉及的风格规范。"耽美"本是日文词语，意思是"唯美"，学界一般认为"耽美"一词是日漫借鉴日本现代文学流派唯美主义而来的，特指描绘美少年之间纯美爱情的漫画类型。现今，"耽美"一词的适用范围逐渐扩大，同性特征不再是唯美、浪漫、花美男，不再局限于漫画这一种载体，这一概念的外延囊括了女性主体自主创造并消费的男性情爱叙事结构、文本内容和产业文化。同人和耽美本质上是两个概念。耽美文化是在内容上对文本生产进行风格规范，需要紧紧围绕 BL（boy's love）展开故事情节；同人文化则是在形式上规定了话语建构需要以官方文本为根基，进行自主的二次创作。但在粉丝社群中，同人文化和耽美文化相交相融，同人文本中传播范围最广、传播受众最多、创作力最强的还是耽美题材作品，因此在国内的学术语境下对同人和耽美的研究具有相交性，分野并不清晰。

正如上文所提及的，粉丝对同人文本生产和分享具有高昂的热情。粉丝并不满足于偶像呈现在大众面前的单调形象，往往会采用自我幻想和真实探索两种方式来满足自己旺盛的了解偶像的欲望。部分粉丝会把幻想作为了解偶像的方式，通过对现实细节展开联想，使得偶像的日常生活形象丰满立体起来。例如，偶像在一次表演中对女伴有"绅士手"行为，粉丝会自然地联想到在日常生活中自己的偶像是一个保守、纯真、不近女色的禁欲老干部形象。尽管粉丝从未在生活中接触过偶像本人，舞台细节的真实度也很难完全确定，但粉丝的幻想的确是切切实实具有广泛传播性和认可度的。

这种近乎完美的幻想从细枝末节出发，涵盖偶像生活的方方面面。粉丝个体的想象力和创造力是有限的，他们会在社群交流时寻找更有文本创造力的意见领袖，在意见领袖的幻想文本创作中满足自身的幻想快感。另外，当粉丝沉迷于官方文本时，他们也会产生类似的心理。对于开放式结局，粉丝总是会幻想故事主人公的后续发展；对于故事中一带而过的情节，粉丝总会试图脑补全部细节；对于不甚完美的感情线，粉丝会拉郎配，将自己心目中的完美情侣进行配对。无论是读者还是观众，在接受官方文本的同时，都会产生文本创作的欲望。同人创作就是在这样的心理背景下进行的。在创作的过程中，耽美主题的文本占据主要地位，对异性之间情感的描绘在很多人看来缺少纯粹的爱情，而同性之间的平等交流则弥补了这一遗憾。普通粉丝可能难以接受文本中自家偶像与同性偶像的情爱互动，但对于 CP 粉而言，特定的人物互动是他们的精神支柱。

总之，粉丝的同人创作大多以偶像日常或偶像参演的影视作品为蓝本。偶像和朋友之间的亲密情谊是同人内容的培养基，另外，偶像参演的影视作品也是同人创作的另一重要来源。粉丝会根据偶像在日常生活中和朋友的交往细节进行创作，也会结合影视作品的剧情进行二次发挥。其中，最具有创造力和影响力的同人作品大多为耽美。将既有的同人作品进行分类，可以根据主人公性别分为耽美和 BG（boy and girl），也可以根据同人文本的生产方式分为：（1）原著内容的原始演绎，如将漫画、电影、电视剧、游戏等艺术形式文字化；（2）原著内容的深度剖白和剧情延展，如人物小传、人物番外等；（3）原著人物在相同设定下发生的其他故事情节，如续写原著或撰写原著前传等；(4) 原著人物在不同设定下、不同时空内发生的其他故事情节。由此可见，同人作品与原著内容有着较强的依附关系。

溯源耽美文化，这种由女性主导的以男性间情爱描写为消费噱头的话语模式，同时在美国和日本兴起，在 20 世纪 70 年代两个文化源头纷纷进入初兴阶段。初期，耽美并没有同性之恋的含义，"耽"意为沉溺，"耽美"则有沉溺美色之意。明治末、大正初，耽美是一种唯美主义的写作风格，"反对以暴露人性的丑恶面为主的自然主义，并想找出官能美、陶醉其中追求文学的意义"，耽美派由此诞生。20 世纪 70 年代后，日本少女漫画兴起，耽美具有了同性唯美之恋的含义。在美国，耽美文化是粉丝文化中由粉丝小说 (fan fiction) 衍生而来的亚种。也就是说，先是粉丝同人文化盛行，在这当中描写男性之间的纯爱文本逐渐自成一派，耽美文化由此发展。耽美小说 (slash fiction)，也被称为斜线文学或斜线小说，简称为 slash 或 m/m slash。两个同性人物之间会以斜线"/"或连字符"-"来表明关系，通常用"A/O"来表明两位男性主角的关系，斜线前的人物为攻 (top)，斜线后的人物为受 (bottom)，如柯克 / 斯波克或者 K/S。"攻 / 受"或"top/bottom"概念源于特殊的耽美人物设定，本意是指性爱的主动方和被动方。在日本文化语境中，"攻"是武术概念里的攻击，"受"是武术概念中的承受；而在欧美语境中，就将其直接对应为性爱体位。

亨利·詹金斯认为，耽美小说源于《星际迷航》的女性粉丝的文本创作，是粉丝圈同人写作中的一种文类。她们将男性舰长柯克和大副斯波克的友情发展为爱情，将《星际迷航》的故事进行二次创作。例如，盖尔·费雷尔的《宇宙性爱》就将故事设定为两人被困在荒无人烟的行星上，大副斯波克进入生殖本能状态，舰长柯克为拯救伙伴，探索了全新的性爱领域。这部耽美小说，基于欧美耽美的三大故事设定之一"ABO"。ABO 是 alpha、beta、omega 三个单词的缩写，将角色设定为三大种类，具体分为体质最强的 alpha，最多的但是很平庸的 beta，负责生殖、体质很弱的omega，是一种大多数文本生产者共同遵循的世界观，在具体行文中会根据情节需要增加私设。在这种设定下，性欲成为不可控制的本能，故事在男性情爱缠绵中发展。在同人创作的催化下，美国的耽美文化根植于粉丝小说并逐渐成熟，大多数文本生产者基于耽美三大设定（ABO 世界观、哨兵向导设定和服从支配设定）进行文本生产，并依托现有的人物形象来建构同性情爱幻想。美国耽美文化的特点是原创耽美（original slash）文本生产占比较小、发展较晚、影响力较低，大多依托现有小说或影视男性角色、演员、歌手或体育明星进行男性情感塑造。粉丝对自己喜爱的男性角色进行情感幻想，在现有的互动细节上进行延展，甚至是无中生有，创作耽美同人文本。

日本的耽美文化是漫画产业的产物，少女是漫画的细分受众之一。萩尾望都在 1971 年发表的短篇漫画《11 月体育馆》被认为是日本耽美漫画的起点。针对少女受众，描绘美少男之间的唯美浪漫的纯爱作品拥有了广阔的市场。初期，耽美漫画作品设定的角色多为容貌娇媚的少年，在同性精神交流中充满着暧昧不明的少男忧愁的基调。此时在作品中对性爱的描写并不多。后期，少男之爱转变为男性之爱，创作范围也从精神交流转向性爱描写，文本不再局限于漫画，而是涉及小说、歌曲、视频、图片和游戏等多种形式。在日本，同人耽美和原创耽美齐头并进，原创耽美的影响力甚至更大。

若将讨论的话语语境转向中国粉丝圈层，同人和耽美则是共生共存的关系：粉丝生产的文本以偶像或影视角色为依托，涉及的人物为男性。粉丝文化是大众文化的分支，很多粉丝文化现象根植于大众文化潮流。耽美同人文化深刻地影响着我国粉丝圈层的组织结构和文本生产。在追溯文化根源的过程中，对同人和耽美两个概念的梳理愈加清晰，粉丝文化的最主要特点是参与式，粉丝既参与社群组织的运作也参与粉丝文化文本的生产。在饭圈中，耽美同人文化同样存在，其根植于偶像之间的亲密互动或偶像塑造的影视作品角色之间的情感交流，以视频、图片、文字为文本进行再创作。这种以同性之间的情爱叙事话语为标志的独特文化结构和文化生产，以女性受众为主，但并不是女性的专享。这是粉丝文化相对于耽美亚文化的发展，在粉丝圈层中，这类沉迷于自家偶像和其他同性个体之间的情谊的粉丝被称为"腐唯"，固定喜欢两个偶像互动或沉迷于剧中同性人物互动的粉丝被称为"CP粉"。

CP是couple的缩写，源于日本的ACGN文化，是对有恋爱关系的人物进行配对。CP本意是二次元世界中的虚拟人物的亲密爱情关系，但传播到中文语境后CP的概念有所延伸。身为CP粉，可以粉同性配对人物，也可以粉异性配对人物，可以粉真实世界人物，也可以粉虚拟世界人物，两个配对人物的感情也从仅限爱情降级到亲密关系。当下，"泛 CP"成为中文语境的文化潮流，什么都可以组 CP，什么 CP 都可以"萌一萌"，CP 粉成为粉丝圈层中的重要存在之一。CP 粉是耽美同人文化发展下的社群产物，他们是粉丝圈层中创造和消费耽美同人文本的主力，也是耽美亚文化话语结构在粉丝文化浸染下的权力渗透。但需要强调的是，对同人文本的偏爱并不是 CP 粉独有的，普通粉丝也会沉迷于幻想得以满足所带来的快感。

CP 粉的世界

CP 是在话语构建中被动配对的两个人物或角色。尽管 CP 并没有确定的性别和维度，但在耽美同人文化长期浸染下，粉丝圈层内的 CP 粉偏爱男男配对。正如上文所言，CP 粉是在身份认同层面对亲密关系持有幻想的粉丝群体，大多数粉丝会将男性偶像间的亲密关系进行细节塑造，在话语建构中会将人物角色拘泥于爱情关系，但个体会对感情角力有不同的解读。CP 粉以年轻女性为主，和概念"同人女""腐女"有区别也有联系。部分腐女在追星时会有粉 CP 的倾向，偶像的身份和姣好样貌给了腐女更加立体的幻想空间，在情爱叙事和角色建构的过程中促成了粉丝的话语习惯。但并不是所有腐女都会成为 CP 粉，CP 粉也并不一定都是腐女。"除了他们俩，那种同人耽美文我是不看的，没有代入感就会觉得难以接受……"（摘自访谈）

目前，几乎每位当红男偶像都会有自己的配对 CP，他们也有着数量可观的 CP 粉。这种现象在偶像男团和男性角色对手戏较多的影视作品中尤为常见，粉丝在物料充足的亲密互动中汲取养分，在细节堆积的视频材料中反复印证从而获得幻想得以满足所带来的快感。偶像男团的日常训练留给偶像大量的互动机会，经纪公司在有意无意中将这些视频花絮传播给粉丝受众，CP 粉会主动挖掘细节、印证猜想、群体交流，从而对"萌"的 CP 有着更加深厚的感情，更加信任他们之间真实的亲密性。对手戏较多的影视作品也给男性艺人之间碰撞出较多火花的机会，更准确地说是留给 CP 粉更多的挖糖、产糖、嗑糖机会。可以发现，CP 粉最为钟爱的文本生产方式是视频。通过直观清晰的视频文本，粉丝才能更加相信 CP 的感情。比较有趣的是，当 CP 粉特别喜欢影视作品中的人物角色配对时，他们经常会将这份情感延伸到现实生活中，将演员在现实中配对，开始粉两位演员的 CP 配对。这是因为，在 CP 粉逐渐壮大并拥有超强创造力的情况下，经纪公司或影视公司都会在宣传时或多或少地满足受众需求，将演员亲密的线下互动花絮进行加工传播。

粉丝世界中存在内部鄙视链。从圈层阶级来看，五个粉丝阶级（即路人、舔屏党、真情实感散粉、粉丝大大、粉丝组织成员）呈现从中心到边缘的阶梯鄙视链；从身份认同来看，唯粉（即只喜欢某组合内一名成员的粉丝）鄙视团粉（即喜欢整个组合的粉丝），尤其鄙视 CP 粉。在唯粉看来，他们之所以"高贵"，是因为在全心全意喜欢一个偶像，内心专一、矢志不渝，而团粉和 CP 粉在对偶像的忠贞程度上就远远不及他们。另外，在唯粉看来，CP粉的价值观念与社会主义核心价值观相悖，他们的所作所为是对偶像潜藏的威胁。唯粉和CP粉之间经常发生混战，如果CP粉有个别出格行为，唯粉会大肆辱骂，甚至诋毁两位偶像之间的正常情谊。内部鄙视链使得CP粉在公共空间保持严谨谦恭的行为方式，语言处理也更加严密。

CP概念本来源于二次元语境，但在互联网环境中"泛CP"成为潮流。人们对CP的接受度和理解度越来越高，甚至出现什么都可以组组CP、什么CP都有人追捧的现象，像是大学官微之间有着固定的CP，还有人是大熊猫的狂热CP粉。这是CP文化的熏染，也是饭圈文化的泛化。当前"泛CP"文化有着愈演愈烈之势，在短时间内凭借打造的CP组合引来关注和话题讨论，进而发展为能带来真金白银的粉丝经济，这似乎成为娱乐产业营销推广的金科玉律。

CP世界的语言习惯

语言是社群的原始符号，通过对语言符号的了解可以掌握社群范式。

CP粉在结构构建的过程中有着独特的话语体系和规则规范。人们对男性艺人或男性角色之间过于亲密的关系是秉持观望态度的，在意识形态中这种同性情愫是对传统婚恋观的反叛，而普通粉丝也对CP粉的存在持有抵触心理，这些外部因素造成了CP粉在外界权力结构中的被迫离场。圈层在外界环境中的失语正是内部

"造语"的契机，CP 粉社群的内部话语体系是圈层隔离并保持相对真空状态的暗码。普通粉丝对 CP 粉的态度并不友好，独立的话语体系对于两个群体而言都是有益的，普通粉丝不能直接理解 CP 粉讨论的话题，CP 粉的畅所欲言也不会对偶像和普通粉丝造成困扰。语言很多时候是符号象征。下文将对 CP 粉的部分经典话语模式进行解码，从而加深读者对 CP 文化的理解。

CP 配对角色术语——"攻 / 受""瓜 / 花""A"

"攻 / 受"的概念源于日本。在日本武术动作术语中，"攻"是主动方，"受"是接受方。"攻 / 受"是二次元 ACG 文化的专用术语，指代在 BL 情感关系中所扮演的性爱角色，"攻"是性爱主动方，"受"是性爱被动方。在二次元耽美文化中，"攻 / 受"的概念还有着详细的衍生，例如强攻弱受、强攻强受、帝王攻、傲娇受等概念细分。三次元世界和二次元世界的分野在耽美同人文化的发展中逐渐凸显，很多 CP 粉不再使用含义暴露的"攻 / 受"来对应真人 CP，在他们看来这是一种尊重和保护。

于是，在中文语境中，相应地出现了"瓜 / 花"，在娱乐圈指代真人 CP 时比较常见。"瓜"指代在男性情感关系中占据主动地位的一方，花则是相对被动的一方。粉丝在应用语言时不仅仅会将"瓜 / 花"用于特定的角色代称，还赋予了其描述性含义。"瓜 / 花"可以用来描述偶像的风格气质。在腐唯看来，自己喜欢的偶像气质百搭，是帝王攻、奶油攻、鬼畜攻等气质的融合，便会将偶像称为"金瓜"，意为自家偶像适合和很多"花"属性偶像组 CP。同样，很多腐唯会将自家偶像称为"金花"，暗示他在情感关系中非常适合扮演被动一方。

"A"是"攻"和"瓜"的形容词向。"A"是欧美同人文化中三大设定"ABO"之一，意为数量较少但能力很强，在同性性爱中处于主动攻击的一方。在当下的粉丝文化中，alpha被缩写为"A"，表示偶像气质契合同性关系强势主动的一方，气场强大、攻气十足、侵略性强，令人有臣服的冲动。alpha这个词从专业的耽美同人文化中生发，又在中文语境中被缩写，这种传神委婉的表达在CP粉和普通粉丝中都有广泛的应用，"××第一A"等称呼渐渐被大部分粉丝接受。

三组概念本质上表达的是同样的含义。"攻/受"最早出现，也是大众最熟悉的。"瓜/花"出现较晚，目前还没有"出圈"。"A"则是目前粉丝圈层中隐晦而密集的表达。可以发现这样的规律：对于相对封闭的圈层而言，词语的适用度与知晓度成反比，当更大范围的受众了解某一概念时，圈层内部会有自发力量对词语进行自主替代并得到内部人的广泛支持；而当某一概念始终有着隐晦神秘的特点时，它的适用范围和使用频率都会保持稳定。语言在封闭圈层中更像密码，是圈层进行自我封闭隔离的暗语，要想顺利打入圈层内部，就需要准确解读相关话语。从词语的使用来看，CP粉世界里众人始终追求圈层的神秘性和隐秘性。在大众文化中同性男偶像之间的亲密情感关系总是难以令人接受，于是粉丝在词语使用上偏爱神秘感。话语加密成功阻碍了男性情感文本向大众的传播。似乎，CP粉的世界注定是不可见光的地下狂欢场。

粉丝日常行为术语——"梗""糖""嗑""萌""舞"

"梗"是指在 CP 情感关系中有代表性的人物相处细节。如果 CP 对玫瑰花情有独钟，两人在互动时提及玫瑰花对自身的特殊含义，那么"玫瑰花梗"便会成为 CP 粉丝圈层中具有象征意义的创作意象。

"糖"和"梗"相似，也指 CP 之间亲密互动的细节，包括动作、神态、衣着、话语等。和"梗"不同的是，"糖"更倾向于指代粉丝挖掘和粉丝生产的细枝末节。粉丝也创造出"发糖""挖糖""造糖 / 产糖""嗑糖"等专用术语，指代"糖"、粉丝与 CP 之间的关系。CP 主动暴露细节为"发糖"。CP 粉挖掘过往视频材料或文字材料中的细节为"挖糖"。CP 粉过度幻想，无中生有，捏造细节，为"造糖 / 产糖"。CP 粉集体沦陷在情感细节中为"嗑糖"。

"嗑"是指沉迷于 CP 之间的情感关系。"嗑"字的广泛使用和"糖"相关，源于普通粉丝对 CP 粉的辱骂，形容他们过度沉迷于细节，就像嗑了药一样疯狂，后被 CP 粉用于日常自嘲。"嗑死我了""kswl"则表示更深的沉迷。当粉丝陷入"糖"的漩涡时会发出"嗑死我了"的感慨，但在公开表达时会用缩写"kswl"来替代。

"萌"原意是指某物或某人异常可爱，现多指对某人或某事极度喜爱。"萌 CP"指粉丝对某对 CP 有着持续稳定的热爱之情。

"舞"带有贬义色彩，有 make（生造、生产）的含义。"舞 CP"指代 CP 粉的行为是一厢情愿的，CP 的情感并不一定真正存在，是站在普通粉丝角度对 CP 粉的排斥和鄙视，多数情况下 CP 粉不会使用，是普通粉丝对 CP 粉"萌 CP""嗑糖"并舆论造势的嘲讽统称，但也可用于 CP 粉的自嘲。"舞人设"也同样具有调侃、嘲讽之意。

"是真的"（szd）是 CP 粉在追捧 CP 时对男性之间纯粹感情的感叹。粉丝在"嗑糖"后会收获幻想实现所带来的快感，会发出"××是真的"这样的感叹。但在微博等平台公开表达时，他们并不会直接使用汉字，而是用缩写"szd"来表达。这与饭圈流行的语言习惯一致，粉丝觉得缩写方便快捷，还能隐晦地表达，还可以精准区隔不同圈层的受众。

"过年"是 CP 在某一时间段内集中"发糖"，使得 CP 粉进入集体"嗑糖"、精神达到高潮的状态。

粉丝规则规范术语——"逆""拆""三人行""圈地自萌""性转""女化"

"逆"是指原定 CP 配对中的两个人角色互换，"攻"的一方变为"受"，"受"的一方变为"攻"。不同 CP 粉丝社群对粉丝行为有不同的规范，对 CP 角色有着执念的社群会在行为规范中标注"不可逆"，而对 CP 角色无固定印象的社群则会标注"可逆"。

"拆"是指将原定 CP 配对进行拆分，将原配 A/B 拆离重组。部分 CP 粉并没有固定喜欢的 CP 配对，他们在追星时会给自己痴迷的某位男偶像"拉郎配"，也就是他们喜欢"A+B/C/D…"。这类粉丝被称为腐唯，他们经常会在"萌 CP"时拆离原有 CP 进行全新配对。这种情况在 CP 粉中也有着严格的行为规范，当一个粉丝社群标注"不可拆"，则意味着他们不欢迎习惯于"拉郎配"的个别粉丝。

"三人行"则是另一种粉丝心态——部分粉丝在构建男性情感叙事体系的时候会加入第三人的情感纠纷。这种关系幻想给喜欢的CP增添了一些刺激感。但这种心态并不被CP粉社群整体接受，他们会在行为规范中明确标注"严禁三人行"。

"圈地自萌"是指CP粉在自己的社群内进行关系幻想的狂欢，不向外扩张，也不打扰别人。这几乎是所有CP粉社群的金科玉律。在大众文化对同性情感并不理解的背景下，人们对耽美同人文化误解颇深，CP粉塑造的大量同性情感叙事文本如果向外传播，将给偶像带来巨大困扰。因此，普通粉丝将CP粉看作毒瘤，CP粉只能进行自我封闭的地下狂欢。

"性转"是指CP粉在幻想同性之间的亲密关系时进行性别转化，大部分情况是将男男转化成女女。这种性转在生产特殊文本时是可以被接受的，例如画手大大绘制同人画时进行的性转艺术创作。

"女化"是将CP配对中的一方进行女性化处理。例如，一对男性同性CP，粉丝会将其中一位幻想成具有偏女性化的性格特征，在生产同人文本时忽视其男性特征。这种行为和耽美同人文化的幻想有本质上的差异。大部分CP粉社群为标榜自己对两位男性偶像的尊重，会在社群规范中标注"严禁女化"。

耽美同人文化术语——"OOC""RPS""ABO"

粉丝行为规范术语很大一部分源于欧美耽美文化。"OOC"是"out of character"的缩写，在欧美语境中是指同人文的创作脱离原有人物的性格设定；在中文语境中，大多数情况是指同人文中的人物和偶像真实性格不一致，带有全新的人物设定，同时也是在提醒读者严禁上升到真人。

"RPS"是"real person slash"的缩写，指代现实生活中非二次元维度的CP配对，通常是给明星、演员、运动员等公众人物配对，并幻想他们之间的情爱关系。耽美同人文化对现实世界和二次元世界都有所渗透，大部分粉丝会将二次元世界和现实世界严谨地分割开来。"RPSF"的含义是"RPS粉"，指代真人CP爱好者。"RPSG"的含义是"RPS狗"，是对喜欢给现实中的人配对的粉丝的蔑称，和"CP狗"同义。

"ABO"是在同人文创作中经常出现的虚构的世界观，即基于alpha、beta、omega这三种生殖性别所建构的社会体系。此设定给耽美同人文化的文本生产创造了全新的发挥空间。在CP文化中，"ABO"设定更多地出现在同人文本中，在现实生活中很少会一一对应偶像。

CP类型术语——"官配""官推""天选""美帝""北极圈""冷圈""竹马""天降""兄弟情""宿舍line""同事line""营业CP"等

"官配""官推"是指在组合内部或官方影视作品中，经纪公司打造的主推CP配对。经纪公司利用粉丝对男性情爱保持高度关注的特点，主动暴露、传播、营销某一对CP的关系细节。"官推CP"在视频镜头和资源推广方面有明显的倾向性。粉丝对官方主推CP配对的态度较为暧昧，并不会警惕地质疑偶像之间的感情真挚性，但其他CP配对粉丝会对资源倾斜表示严重不满，最终导致粉丝对经纪公司的辱骂。

"天选""美帝"有相似的含义，指在组合内部众多 CP 配对中感情最为真挚，并且吸引的粉丝数量最多的 CP 配对。和"官配""官推"明显不同的是，"天选""美帝"CP 更多的是粉丝的自由选择，在经纪公司传播的影像资料和文字资料中他们互动最为亲密，且感情看起来最为真挚。

"北极圈""冷圈"则完全相反，表示某一对 CP 因种种因素并没能吸引大量的粉丝，但依然有部分粉丝沉迷于他们之间的感情关系。

"竹马"是指 CP 双方从小相识并十分相配。词源为李白的诗句"郎骑竹马来，绕床弄青梅"，在耽美同人文化中特指 CP 双方从小相伴。"天降"是"竹马"的反义词，指由于机缘巧合和 CP 一方偶遇并迅速组成全新 CP 配对。"竹马不敌天降""天降不敌竹马"是粉丝在比较两对 CP 时常用的话语判断。同 BG 传统言情小说相似，青梅竹马、两小无猜的眷侣受到从天而降、机缘巧合出现的第三人的情感挑战是 CP 粉心目中经典而刺激的情节。

"兄弟情"是广义上的一种 CP 类型，表示配对双方并无同性爱情，而是简单纯粹的兄弟情。CP 文化滥觞于日本漫画产业，本意局限于爱情，但在横向发展的过程中，CP 感情更多地融入了粉丝的主观意愿。CP 可以代表爱情、兄弟情、室友情（宿舍 line）、同事情（同事 line）等，但每一种 CP 类型的粉丝群体有着不同解读。很多时候，互动亲密的偶像 CP 在自家 CP 粉看来是"爱情"，但其他粉丝可能就会加入其他情感叙事解读。另外，CP 粉会在对外宣传时将"爱情"称作兄弟情，这是因为大众文化对同性爱情的接受度和包容度依旧不高，而偶像作为公众人物更不能给大众留下类似印象。

"营业 CP"指明星们出于宣传、炒作、服从公司安排等目的，而不是真的有特殊感情，在公众面前表现得较为亲密，满足 CP 粉对两人关系的幻想。这种情况下，由于明星之间并非真正有特殊感情，表现亲密其实是工作需要，等同于"上班开工"的一部分，所以叫作"营业"。这类"营业 CP"常见于电影或电视剧的宣传期内，演员们为了配合宣传，在戏外也模仿剧中的关系互动。也有明星的同人文发展过于壮大，反而倒逼他们出来营业的状况。CP 粉有时也会将"营业"当作日常用语，表示自己喜欢的 CP"发糖"，这种语言使用同样带有自嘲色彩。

粉丝圈层战斗术语——"提纯""ky""贷款 be""嗑血糖""腐唯"

"提纯"是粉丝圈层的特定战斗术语，指经过粉丝大大或营销号的有预谋的运作，CP 粉对 CP 配对中的一方脱粉，最终变成唯粉的过程。粉丝从先前对亲密关系保持幻想转变为只喜欢其中一人，这种状态称为"被提纯"。这是唯粉和 CP 粉之间战斗的常规手段，也是 CP 粉觉得自身权益不容侵犯的底线。"提纯"的最终结局是，大规模 CP 粉丧失对 CP 配对的热爱，不再抱有亲密关系幻想，反而投身于其中一方的唯粉团队。

"ky"是日语中"空気を読めない"的缩写表意，指没有眼力见、不识相，和汉语中的"抬杠"含义相似。CP 粉社群在进行亲密关系幻想时非常抵触群体内部的唱衰声音。实质上，CP 感情的真挚性和纯粹性并不是粉丝所追求的，群体幻想所带来的快感才是粉丝的终极追求。因此，"ky"在粉丝圈层内部极易引发混战。"贷款 be"是"ky"的一种形式，有粉丝在 CP 粉社群中提前唱衰，将"营业 CP"迟早"感情破裂"并酿成"bad ending"的事实提前渲染，这就像银行贷款一样。这种行为在 CP 粉世界中也是很难被接受的。

"嗑血糖"是指 CP 粉在嗑糖时对 CP 的一方造成伤害，带来形象上或名誉上的损害。这种行为是唯粉对 CP 粉进行抨击的原因之一。"血糖"是指带血的糖，象征着 CP 配对在亲密互动中给其中一方带来严重威胁和伤害。这种行为在粉丝圈层是绝对不能容忍的，这也是不同粉丝社群进行混战时彼此指责的重要理由之一。

"腐唯"是唯粉中特殊群体的代称，亦称作"抚慰"，他们并不对某一 CP 配对有着稳定的情感输出，而是专注于给自己的偶像"拉郎配"。腐唯受到耽美同人文化的影响较大，但并不会沉迷于某一固定 CP 配对。大多数腐唯是在喜欢某一偶像的基础上幻想偶像的适配 CP 对象。这类粉丝本质上是唯粉，只不过他们的日常行为和思想观念浸染于耽美文化。

CP 文化的语言习惯大多保持着谨慎谦恭的符号特点，这是因为他们在粉丝圈层中处于鄙视链底层且话语权较弱，权力结构折射到语言符号上就会显现出隐晦、范式明确、封闭的特点。

CP 文化语言符号的产生有两个源头：一是 CP 粉的自发行为，二是普通粉丝对 CP 粉行为的嘲讽。普通粉丝对 CP 粉保持排斥并鄙视的态度，在观察他们行为习惯的同时对他们进行批判。CP 粉则会在自嘲中丰富圈层语言。这种语言迁移习惯体现出一种较为乐观自由的氛围。正如 CP 粉自己调侃的"CP 粉没人权"，他们在地下狂欢的同时并不会过度在意外界的看法，在反驳嘲讽的同时也会将批判化作自嘲，在地下狂欢场内自在并野蛮地生长着。

CP 世界的规矩文化

"身份认同需要同时确定边界，身份认同的同时寻找赋予每个集体最低限度的同质性内涵。"（阿尔弗雷德·格罗塞，2010）边界是形成社群认同感的必要条件。如果没有明确的边界，人们的沟通交流会趋于分散状态，在沟通交流的同时产生内部争端，导致社群内部的凝聚力逐渐削弱。社群内部的个体相互作用，形成适合彼此的行动准则，使得社群内部稳定运作的原则标准，即为社群规范。CP 粉的社群规范所认可的成员行为范围较广，但就核心价值问题而言十分狭窄，这其实是社会规范的共性。在粉丝圈层中，CP 粉是卑微的存在，各大 CP 粉丝社群为保证社群内部的稳定交流并促成外部的和谐共处，在核心价值上都会有具体明确的原则标准。但值得注意的是，在不同的媒介平台上社群的边界也会扩张或收缩，这与平台受众和媒介使用偏好密切相关。微博平台的社交属性较为突出，而其他平台的文本生产属性明显。下文将主要探讨微博平台上 CP 粉的社群规范。

CP 粉的社群规范具有同质性特征。在综合分析若干社群规定之后，可以将 CP 粉社群边界确定为以下几点：

（1）禁止拆逆 CP 组合，拒绝踩一捧一，严禁发布辱骂攻击、抹黑造谣等负能量内容。

（2）禁止在进行关系幻想并发布相关内容时带偶像全名及名字缩写，严禁 @ 偶像微博。

（3）禁止在社群内部讨论其他 CP 配对、艺人明星、公众人物等。

（4）禁止在其他公开场合谈及 CP 话题。

（5）禁止侵犯他人原创文本，传播转载需要经授权后注明原创出处。

（6）禁止过度关注私生活，严禁偷拍、跟踪、爆料隐私等行为。

（7）禁止发布或传播"假料"、"私料"、谣言、营销号内容等，禁止传播未官宣的剧透内容。

（8）禁止过度发布水帖，无意义的帖子在粉丝社群中会被屏蔽。

（9）在进行亲密关系幻想的同时注意发言尺度，禁止过度意淫、过度 OOC、女化丑化偶像、传播淫秽色情信息等有损偶像正面形象的内容。

在文本分析基础上，CP 粉社群边界在固定配对组合、划定粉丝活动范围、规范粉丝日常行为三个方面发力。这是因为 CP 粉的意识形态在大众文化中是"异类"，尽管同为追星族，他们的日常行为频遭唯粉诟病。这就决定了整个粉丝社群边界收窄、规范从严。CP 粉不同于腐女、同人女，他们有着固定的男性情感幻想对象，因此他们对 CP 配对的稳定性尤为看重。CP 粉自身很难断定自己是沉迷于男性情爱纠纷还是沉醉在经过包装的非常完美的亲密关系中，这两种状态表面相似，其实本质上代表了受众的两种状态，一种是情感寄托，一种是心理映射。CP 粉的身份认同正是在内部和外部的双重作用下实现的。繁复的社群规范在保证社群内部稳定运作、社群外部和谐共处的同时，加深了社群中个体的身份认同。正如制度等级森严的军队，社群规范异常严格，但军人的身份认同感也是最强烈的。同样地，在 CP 粉社群中，繁复森严的社群规范带给粉丝个体强烈的归属感。部分粉丝追求的正是这种归属感。

> 其实，我后来反思了一下自己，很多时候就是因为大家聚在一起好玩，心里已经明确知道他俩（指 CP 配对）不可能了，但还是走不出圈子……
>
> ——被访者

追 CP 的粉丝大部分都是年轻女性，大学生活和职场环境很难塑造如初高中校园一样的班集体归属感，因此粉丝在认同缺失的状态下将心理需求映射到整个粉丝社群。外部的排斥使得粉丝社群更为稳定，外患是激发社群内部形成强烈认同感的契机。然而这种繁复的社群规范也是存在弊端的。

> 我就不混圈，事情太多，我觉得没必要……我只要画好画就行了，不太希望被打扰……
>
> ——被访者

　　部分粉丝因复杂的社群规范和不和谐的社群关系而退出，并不会投身于粉丝圈层的建设，只是简简单单地沉迷于 CP 配对的感情关系。"不混圈"和"不粉 CP"是两个含义，他们这么选择的根本原因是他们并不需要在粉丝社群中获得认同感和归属感，因为他们在现实生活中的身份认同足以满足心理需求。这种类型的 CP 粉极少情况会长时间保持热情高涨，社群参与度低，沉没成本相应也低，这样对偶像的感情就纯粹停留在主观层面。沉浸在某一对 CP 的亲密关系中，本质上是沉浸在自己的情感幻想中，这种情感是自说自话的心理输入，但任何情感都需要回应，偶像 CP 自然不可能主动回应这种情感，如果没有适当的社群进行情感输出，这种情感输入很快会干涸。

　　近年来，CP 粉的影响力和话语权逐步提升，偶像经纪公司或影视作品制作方在宣发过程中都会注重 CP 粉的情感体验。在泛 CP 时代，"成为一名 CP 粉"已然成为热潮。在宣发影视作品的时候，经纪公司或制作方会主动打造影视 CP，演员配合宣发换"情侣"头像，也会根据剧情走向实时以"情侣"身份互动。CP 粉世界的规矩文化在热潮中稍有放松，但整体而言依旧保持着谦恭、谨慎的特点。

　　总的来说，CP 粉世界中有着繁复谦恭的规矩文化。这种社群规范主要限制个体在影响社群内部稳定与外部和谐方面的所作所为，在核心价值观念和粉丝行为方面是收窄且有局限性的。社群边界的存在激发了社群个体的身份认同感和组织归属感，但也同样阻隔了部分个体。由于 CP 粉的情感独特性，社群的存在是有必要的，个体的多次心理输入需要稳定而持续的情感回应，个体对亲密关系的幻想需要心理呼应，粉丝社群正是起到这样的作用。通过访谈发现，CP 粉的共性是拥有若干联系紧密的社群，他们大多从弱联系微博平台迁移到强联系微信平台，虚拟社交联系者正式成为线上现实情感回应者。而在这些私密社群中，社群规范将不再起作用。

CP 文化的露白——走向现实

在网络虚拟社群中，成员在大量的网络互动中熟悉彼此，当个体觉得社群的交往亲密到可以向现实社交靠拢时，信任关系就成功建立了。网络世界的社交都在迷雾中进行，水汽厚重的地方仿佛人人都戴上了面具，水汽稀薄的地方就仿佛人人都戴上了若隐若现的面纱。网络社交的露白意为摘下面具、戴上面纱，甚至完全坦诚相对。这种露白在 CP 粉社群中具体表现为，部分活跃的粉丝个体从媒介平台迁移到 QQ 或微信等私密社交领域，甚至通过各种同人活动在现实生活中交往。

微博平台是弱联系社交，粉丝在平台上的互动严格地遵循着社群规范，在社群边界的约束下建设社群。相对而言，这种社群社交缺少自由和私密性，这给核心社群的构建埋下伏笔。私密是建立核心社群的必要条件，私密分享是核心社群的互动日常。核心社群以个体为中心，规模较小，主要活跃于 QQ 或微信社交平台，讨论的话题复杂多样，完全超出社群规范中的 CP 配对范围。微信或 QQ 平台社交是以个人为中心的若干水纹型朋友圈社交，具有相对自由性和封闭性。CP 文化的传播本质上并不全部是在受众较广的广播式微博平台进行的，具有私密性的点对点传播是 CP 文化影响力逐渐扩大的重要因素。

CP 粉的现实社交在广义上是包括私密核心社群社交的。这是因为，互联网时代中的社交大部分是在网络环境、媒介平台上进行的。在 CP 粉和其他粉丝的意识形态中，只有三观相合的粉丝朋友才会交换微信，建立私密群聊，进行话题讨论。也有 CP 粉在现实生活中互动交往，大家往往以重要活动为"面基"（指素未谋面的网友在现实生活中见面）契机。同人文化展或同人 CP 粉丝纪念日是现实露白的重要场所。粉丝会集体回忆偶像 CP 之间美好的故事，或者扮演偶像 CP 的模样进行亲密互动。这一类型的活动给了 CP 文化现实露白的重要机会。现实生活中的粉丝就是摘下面纱的社会个体，他们在言谈举止上反而失去了面纱遮挡带来的自由。在微信或 QQ 平台社交的核心社群需要在线下经过缓冲期，在进入完全信任期后才能在现实世界中展现核心社群的亲密形象。这种形象过渡，不是 CP 粉社群独有的，但这种社群模式在同人文化社群中尤为典型。耽美同人文化的内容加持对社群的私密性和封闭性提出了更高的标准要求。

CP 文化的露白经历面具期、面纱期、素面期三大阶段。在面具期，人人都是遵守社群规范的道义者；在面纱期，粉丝建立核心社群，在话题讨论上范围更广、尺度更大、私密性更强；而进入素面期，在较为拘谨的缓冲期过渡后，个体会恢复面纱期的自由，在信任加深后粉丝对核心社群的归属感更强，社群的寿命和健康度也随之上涨。走向现实的 CP 文化天然刺激社群的内部认同，大众的不理解和普通唯粉的排斥让 CP 粉觉得自己仿佛是离经叛道的先锋者，在两性关系和性别认同上做出表率之姿，从而增强社群归属感。

近年来，CP 粉的线下活动组织得越来越密集，一方面是因为大众文化对"嗑 CP"的宽容度提升，另一方面是因为 CP 粉的数量、战斗力和购买力都大幅提升，官方文本及其背后资本发觉有利可图。当下"卖腐即爆"的规律已成业内共识，甚至出现每一部"耽改剧"（由耽美小说改编的电视剧）都会促发两位新人男主角大爆的现象。另外，男女 CP 在宣发期也并不避讳，亲密举动很受观众欢迎。资本收割 CP 粉的手段也愈发丰富，组织电视剧主创见面会和云歌会、超前点播、付费彩蛋等形式层出不穷，CP 粉从幕后走向台前，承认其购买力就是承认其合理性。这种婉转的讨好行为，从客观上扩充了这一群体的规模并极大地激发了他们的活力。

通过对 CP 粉的语言习惯、社群规范和现实露白进行介绍和分析，可以初步了解 CP 粉的世界：他们有着自己的语言符号，他们会在公共网络空间遵守严格的社群规范，他们奉行一致的价值观念，他们在现实生活中有着核心社群并在真实世界中接触。在第二章，我们从粉丝的身份认同角度对 CP 粉进行了界定，指出他们属于对亲密关系持有幻想的粉丝。亲密关系幻想可以是异性之间的情爱幻想，也可以是兄弟之间的亲密友谊幻想，为何当今大部分 CP 粉都在追求同性男艺人之间的亲密关系呢？这部分粉丝存在的意义是什么呢？这部分粉丝由哪种心理驱动从而成为偶像 CP 的忠实粉丝呢？这部分粉丝又在何种力量的维系下保持高涨的热情呢？回答这些问题，就是解答 CP 文化产生的原因。

何由不爱红袖爱断袖？ ——CP 文化迷思

CP 文化和耽美同人文化息息相关。亚文化的发展给女性更多的幻想空间，她们在接触耽美同人文本的过程中或多或少地解放了天性，探索到了全新的话语结构，启蒙女性反叛精神的文化走向。耽美同人文化中特有的男性情感纠葛带给女性全新的性体验和情感模式，女性在文本分享和交流的过程中确立了自身对平等感情关系的追求。延伸至偶像身上，粉丝在喜欢某位偶像时，会受到耽美同人文化的启发，在 CP 关系幻想和亲密互动中获得双重快感。这只是 CP 文化产生的原因之一，虽然在形式和内容上对 CP 文化进行了源头追溯，但依旧无法解释 CP 粉诞生的心理拉力和外部推力。

CP 粉的性别抵抗——认同感的缺失与补位

在很多同人文中都可以看到同性 CP 最终结婚生子的情节，粉丝在生产亲密关系文本的时候也会将"孩子"考虑其中。很多人会质疑，既然 CP 粉在精神世界中依然对婚恋、生子等传统观念有着执念，那为何他们还禁锢在男性情爱话语框架中，而不直接投身于传统的异性配对和迷恋中？事实上，CP 粉的性别认同感的根源正好可以解释他们的心理困局。

在伯明翰学派亚文化理论中，亚文化与主文化（主导文化、主流文化、主体文化）和霸权之间的抗衡是一个核心问题。"青少年亚文化形成特别的风格，其目的就是抵抗社会，这种抵抗有可能汇聚成一股强大的社会潮流。"（斯图尔特·霍尔）年轻女性在传统性别价值观念的压迫中产生反抗欲望时，会凭借反主流文化的交流方式创造全新文化潮流。这部分女性的反抗意识并不能归为完全崛起的一类。伯明翰学派关于亚文化的观点可以通俗地概括为："哪里有主文化的压迫，哪里就有亚文化的反抗。"（胡疆锋、陆道夫，2006）CP 文化作为耽美同人文化的产物，是女性对主流性别文化桎梏的挣脱。

CP 文化是将作为公众人物的偶像进行幻想重塑，在同人文本创作中，一方面塑造他们的性取向，一方面改变他们的性格。双重反叛是女性性别抗争的最直接表达。或许，在日常生活中，她们的婚恋观没有任何畸变，她们也并不是激进的女权主义者，但这种骨血中天然的反抗精神驱使她们对公众人物进行反复的幻想重塑和双重反叛。这种抗争可以体现在，CP 文化将现实生活中强强相似的男性个体进行配对，并生产强强联合的同性情侣关系。正如《神探夏洛克》里的夏洛克和华生、《哈利·波特》里的哈利和马尔福、《盗墓笔记》里的张起灵和吴邪，他们在原著中的对手戏大多配合默契或竞争激烈，这给 CP 粉留下了足够的想象空间。强强联合的同性关系是对男尊女卑的传统观念的彻底颠覆，主人公们在同人文本中能够平等、独立、自信地解决问题，关系双方是彼此成就、惺惺相惜的亦师亦友关系，有时尽管彼此对立，也能够共同进退、相互成全。在传统价值观念中，女性很难摆脱被抛弃、被拯救、被牺牲的宿命，男女之间的关系局限于庭院林廊，"男主内，女主外""男以强为贵，女以柔为美"的价值观念一直浸染着当代社会。部分意识觉醒的女性在 CP 文化和耽美同人文化中弥补了缺失的性别认同，男性和男性之间的感情地位完全平等，在叙事话语搭建的过程中，男性携手同行、相互成全，"攻""受"双方都能通过自身的努力获得社会地位、取得较高成就。

"我沉迷于他们相互成就的故事情节，日月同辉、顶点见的设定百看不厌，而且他们一起进退的感觉真是太吸引人了……"（摘自访谈）当代女性在接受教育时被反复灌输男女平等的观念，但在婚恋和工作中，却经历着不平等的性别对待。传统性别价值观念和先锋性别意识之间的矛盾激化了女性对自身性别认同的质疑，女性为何需要在感情关系中扮演弱势一方？为何辞去工作成为家庭主妇是合情合理的？因此，在性别认同缺失的情况下，她们将反叛精神迁移到 CP 文化中，幻想中的男性公众人物的亲密关系是平等独立的，双方彼此成全、共同进退。"殊途同归""顶点见""日月同辉"等经典情节设定有效弥补了女性粉丝心中的性别认同感，她们希望自己在真实世界中也能拥有相似的感情经历，得到完美的性别认同。

然而，早期的 CP 文化乃至耽美同人文化或多或少地还是有对一方男性进行女化的趋势，它们会搭建同性可生殖的"ABO"世界观，它们会在同人视频中剪辑进婚礼细节，它们会在同人画里想象性转同人图。对男性之间的亲密关系进行幻想，像是让男性也感受女性情感的宣泄。也就是说，在试图对抗传统性别观念的女性幻想重塑中，传统性别关系在男性同性感情关系中依然留有余温，这似乎是拉着别人感同身受。这是因为选择这种反叛方式的女性自己的性别抗争意识并没有完全觉醒，她们在塑造完全脱离现实的纯粹男性爱情时只能参照异性恋爱叙事结构，怀揣少女心和对爱情向往的女性在创作时自然地融入了"唯美""纯爱""浪漫"元素。这种现象随着 CP 文化的发展渐渐消失，甚至会被斥为"女化偶像的负面毒瘤"。但这种现象本质上是另一种反叛方式——对男性权威的消费。男性不仅仅可以将权威施加在女性身上，男性之间同样可以解构男性权威。"中国古代同性恋者间存在着固定、鲜明的权力构架。年长、富有、权高者充当主动方，反之则为被动方，绝少角色互换的例子。中国的男风组合大多是异性恋组合的戏拟，是男尊女卑现象在男人内部的复制，性特权不仅存在于男性对女性中，还存在于霸权男性对雌化了的男性中。"（施晔）这就好像女性使自己作为权力被动的一方跳出，将另一个雌化的男性投入其中，这种反叛表面上是寻求共同的性别认同，本质上是一种精神中立，在隔绝中空的状态追求情感认同，在感同身受的过程中明确女性的性别认同。

另外，女性角色在耽美同人文化和 CP 文化中大部分是缺席的状态（除去女性 CP 类型）。CP 粉会忽视女性角色的存在，在以现存影视作品为蓝本进行同人文本生产时，粉丝会刻意抹去女性角色的情感联结，弱化或抵制女性的存在，或者将其简单地视为情节的推动者。女性角色在耽美同人文化和 CP 文化中的缺席，并不意味着女性性别反叛精神的退缩。女性作为主要创作者，将女性角色置于真空状态，保证了男性情感叙事的纯粹和中立。女性角色的缺席还推动了强强联合的平等独立的全新男性理想感情关系的建立，避免了传统异性情感叙事的俗套。再者，这种对角色的性别处理，是用另一种方式模糊性别概念，故事中清一色男性能够让受众忽视性别差异因素，更专注于情感走向和独立个体。女性理想中的性别认同状态是外界可以忽视性别差异，专注于个体行为和能力。詹姆斯·吉布森认为，在场性不是某人所处的物理环境，而是指处于自动的和受控的精神过程与那些环境之间的知觉，在场性被定义为环境中的存在感。在哲学意义上，在女性创造者创造的物理环境中女性角色缺席，但在精神环境中女性思维是在场的，思维渗透无所不在。"爱情及其他亲密关系"是同人文本生产创造的核心，对主人公的情感窥探可以精准地发现女性思维的踪迹。

性别认同的缺失是由理念和现实的冲突造成的，女性将并未满足的性别认同感迁移到 CP 文化和耽美同人文化中，在沉迷于平等独立的话语结构的同时，也受到传统价值观念的影响。偶像作为闪闪发光的公众人物，容貌姣好、名利双收、成功人士等要素留给女性粉丝完整的想象空间，她们在挖掘偶像亲密关系的同时呈现强强联合、平等独立的同性感情关系。从性别认同角度解释 CP 粉诞生的心理拉力，主要是因为女性在现实生活中受到的性别歧视使她们寻求性别抗争；而在追星的过程中，将两位面容姣好的偶像进行配对可以实现她们在感情关系中对平等独立的向往。早期的 CP 文化还局限于攻强守弱的类男尊女卑情感框架，女性作为文本和幻想的生产者，雌化男性是她们获取感同身受般认同的另一种方式。另外，女性角色在众多同人文本中处于缺席的状态，这种性别塑造暗示了女性在现实生活中渴望抛却性别偏见、一视同仁的愿望。总而言之，女性对平等独立的感情关系始终向往，在创造幻想文本时无论是女性角色的缺席还是雌化一方男性，其实都是摆脱性别差异的局限性。

CP 粉的自由表达——性压抑与性解放

在 CP 粉社群规范中有"严禁开车""严禁传播淫秽色情信息"等条例。在微博平台上，粉丝社群并不欢迎对 CP 配对进行过度意淫的性爱文本生产；而在内容生产平台上，尤其是在晋江和 Lofter 这类文字生产平台上，则有大量明星同人的性爱文本。这是因为微博平台的受众流动性较大，信息传播速度快、范围广，而此类内容很容易造成大众对 CP 偶像的误会，加深大众对粉丝圈层的误解。

耽美同人文学中对男性之间性爱的描写是站在女性角度进行观察。当代的性教育并不到位，对性的遮遮掩掩反而激发了人们对性爱的渴望。女性作为社会舆论弱势方和社会道德约束方，很难像男性一样解放性欲望。年轻女性之间甚少将性作为谈资，然而受传统道德观念约束较小的男性却可以自由谈论性话题。在男性视角中，"我们不会看到男人被强暴，不会看到父子或兄弟乱伦，也不会看到男人与动物性交，这些行为都深刻地挑战异性父权霸权"（林芳玫）。然而此类主题内容在耽美文本中却都可以找到，这是女性长久以来被压抑的性欲望的解放方式之一。

"会看（肉文），有的时候就觉得能缓解压力，可能是心理作用，两个人的人物角色带入也蛮有感觉的……"（摘自访谈）在访谈中，一部分粉丝表示会阅读或生产带有性爱情节的同人文章。在阅读过程中的"压力缓解"本质上就是宣泄长久以来压抑的性欲望。另外，描写或观看两个男性之间的性行为带给女性的道德负罪感和心理压力较小。"并不觉得是在做坏事，反正也和我无关，自身代入感较低，感觉比较安全……"（摘自访谈）女性在男性性爱中通过性错位的方式实现了性解放，她们在道德约束和性解放之间寻求平衡，男性和男性之间这种跨越性别的欣赏方式就是这样一个平衡点。

CP 粉和耽美"腐女"在性表达上有着细微差异。CP 粉并不会在公开场合传播偶像同人性爱文本，但会在私下或专门的文字生产平台创作或欣赏。也就是说，CP 粉并不会公开自由地进行性表达，甚至对内心的性渴望进行压抑。耽美"腐女"则不会掩饰性表达。另外，CP 粉有着固定的性爱创作对象，她们会以 CP 配对为蓝本进行性爱描写；而耽美"腐女"的文本创作对象却是多变、多样的。正因如此，CP 粉的表达自由程度也没有耽美"腐女"高。传统女性依旧在 CP 粉中占据较高比例，她们很难接受大尺度的性描写，"点到为止"的性爱描写在她们看来是少男偶像之间恰到好处的暧昧。在访谈中，很多 CP 粉表示，"两个颜值都很高的男偶像做一些让人觉得羞羞的事，想想都觉得很刺激……"可以发现，偶像的颜值和身份代入感是 CP 粉的心理拉力之一。在她们看来，CP 本质上满足了她们的男色面孔消费，在丰富的同人文本生产和消费中她们可以强化自己获得的快感。偶像先天的优越条件使得幻想的成本降低，粉丝的性解放和性错位要求在公众人物互动中得到满足。

总之，成为 CP 粉对于部分粉丝而言意味着更加具象的性解放。在耽美同人文化的浸染中，男性性爱描写成为部分女性释放压抑已久的性欲望的安全方式。现实的 CP 配对大多为年轻男性偶像，这种身份和容貌代入给这部分粉丝更加具体的性解放方式。对于部分保守的女性粉丝而言，她们不接受过度的性爱描写，但依旧沉迷于 CP 文化，这是因为男色消费本质上是性压抑带来的快感消费模式。CP 配对往往拥有姣好面容，双倍视觉冲击带来的快感体验大大满足了被压抑的性渴望。对于部分女性粉丝而言，在追星时成为喜欢男性亲密互动的 CP 粉，是因为她们在露骨的同人文本描写中压抑已久的性欲望得以满足，也因为她们在男性亲密互动中实现了双倍的男色消费。

CP 粉的身份认同——从群体走向社会、走向自我

心理学家贝特·汉莱密认为，"认同由三个层次展开，即从群体认同经过社会认同到自我认同"。意思是，当个体在群体中获得社群归属感后，通过有意义的社群活动在社会上得到认可，才会在互动活动中认同自我的原动力，影响后续的个体参与。群体认同、社会认同和个人认同是在三个层次上不断实现的认同。CP 粉之所以能持续地保持高涨热情、稳定地进行文本生产，是因为"成为 CP 粉"这个行为实现了粉丝的身份认同。

社群归属感，是当代年轻人所缺失并苦苦寻觅的。宗族观念逐渐瓦解，逐渐脱离校园环境，家庭结构趋于简单化，这些因素都是当代年轻人社群归属感缺失的重要原因。人们从这些能够获得较强

归属感的社群结构中脱离，而职场环境和生活社区并不能弥补这种缺失。人类始终是群居动物，交流是信息传播的最初介质，也是群体认同的必然介质。粉丝社群拥有着严密的组织，正如上文所言，从明星后援会到各种自治组织站子，它们都具有强归属感社群特征，组织内部核心价值观念统一——热爱偶像、社群架构完整、内部交流频繁。CP 粉社群的归属感尤为强烈。"当时我没想喜欢哪对CP，我只是喜欢某位偶像而已，但我逛贴吧的时候就发现很多 CP粉，明显感觉他们感情很好，彼此认识，我就很想融入他们，后来就慢慢入坑了……"（摘自访谈）接受访谈的部分 CP 粉表示，起初自己并没有"嗑 CP"的意愿，大多是抱着融入 CP 粉社群的想法加入的。CP 粉位于粉丝内部鄙视链的底层，普通唯粉对 CP 粉的行为有着抵触和排斥心理，这种社群和社群之间的摩擦是社群内部归属感加强的重要因素。当外部势力试图对社群做出评判和干扰时，社群内部的力量将愈加强大。这就像麻绳，外部搓得越狠，整体就越坚韧。接受采访的 CP 粉表示，当走向现实社交建立核心微信社群之后，"如果 CP 不怎么营业，我们对他们的感情就会慢慢变淡，但姐妹们还是没有散，在群里还是会热闹地聊天"。可能社群部分成员已经对CP 配对的感情转淡，但她们依旧保持稳定的交流。

　　我当时粉CP，就是因为刚上大学，高中最好的朋友都没有考到一个城市，和新同学的交往还没建立起来，非常孤独……这个时候刚好遇到 CP，一开始也是看了些营销号的兄弟情安利，觉得还不错，就又看了 CP 大粉的视频剪辑，补档之后就入坑了。在线下活动认识了现在的这群朋友，当时在微博看到从××出发的粉丝建个联络群，我们就是这么认识的。现在很多人因为工作太忙，已经没办法追行程、看现场了，还有部分对他们的感情渐渐淡了，但在群里大家还是聊得热火朝天……什么都会分享，像是工作吐槽，或者最近其他偶像的八卦，我们都会在群里聊。感觉是聊着聊着感情越来越深的……

——被访者

在 CP 粉核心社群中，他们可以分享第一手资讯，可以分享生活槽点，最重要的是满足了孤独感作祟下的强烈交流欲望。

社群的情感交流是单向输出、多向反馈的模式。在情感交流中，单向输出、单向反馈的状态适用于私密话题，单向输出、多项反馈适用于意见咨询和意愿分享。社群的互动模式也决定了个人情感的发展方向。在单向互动中，人们的情感投注呈纵向；在单对多的互动中，人们的情感投注呈横向。例如，个体在粉丝社群中经常寻求工作意见，提出问题和给予帮助的成员都会在情感互动中加深横向情感，即这种情感的投注对象是横向社群而非纵向某个人。在你来我往的情感交流中，人们付出越多，对社群的依赖度就越高。很多粉丝表示自己很难脱离感情稳定的核心社群，群体认同和群体归属感是粉丝和社群之间的黏合剂。"感觉自己一直粉这对 CP，很大程度上是因为舍不得群里的姐妹，大家在一块儿脑洞开得很大，聊的内容也有趣，还经常一起线下聚会，感情好，真的不舍得和大家分开……"（摘自访谈）长久的情感积累让 CP 粉很难脱离现有社群，投注的情感就是沉没成本，社群引力对粉丝的黏性较强。

追星，古即有之，并不是主流价值观始终倡导的社会认可度高的行为。在古代，人们"追星"还停留在对德高望重、博学多才的儒者的追捧。近现代以来，主流文化也是对德艺双馨的艺术家、皓首穷经的科学家、为国为民的公仆加以正面宣传引导。大众对当下的年轻偶像艺人的走红并不理解，对"追星族"的误解也就越来越深。由此可见，追星的社会认可度并不高。在这种情况下，社会认可的缺失会导致社群的集体自证。以粉丝群体为例，在受到社会主流文化误解和排斥时，他们会做社会公益来自证"追星也是一件对社会有意义的事情"。CP粉更是如此，他们面临的社会误解是双重的，社群之间相互误解，社会主流文化也不太接受，在这种情况下，CP粉社群的内部自证欲望更加强烈。人们在反复自证中会更加确信自证主题。CP粉在向外谋求社会认可时，经过系列自证行为反而提升了自身对社群核心价值的忠诚度。也就是说，CP粉在对普通唯粉以及主流文化者进行相关科普或用公益活动自证时，他们会陷入自我感动和自我沉醉中，旁观者对他们的理解和认可可能稳定不变，但他们对CP配对的热爱反而愈加高涨。

> 我们曾经给他们在××投放了大屏广告，广告视频是我们自己做的和这几年的公益项目相关的，还拍了航拍应援视频，在微博上粉丝激动坏了……（那路人呢？）他们大部分都不知道，打卡的时候也没有路人特别留意广告内容，反而是粉

丝更激动些，很多散粉一起去那里打卡呢……

——被访者

在访谈中，部分粉丝大大坦言，策划此类应援活动大部分是为了增强粉丝的集体荣誉感，而对于路人而言这类活动的意义并不大。社会认可的缺失使得群体自证的欲望更加强烈，而在反复的自证中，社群成员会大大加深自己的群体认同，沉浸在自我证明和自我感动中。正因如此，CP 粉对偶像配对长期保持高涨的热情，对他们之间的感情深信不疑。

个人认同在社群归属和自我证明中实现。年轻人或多或少都有叛逆心态，在自我意识觉醒后不再从众，在众人的质疑和不解中坚持自己的想法，这种心理状态反而会实现个人认同。很多 CP 粉有着稳定的"萌 CP"习惯，在不同时期都有稳定的 CP 喜爱对象。他们在不同粉丝圈层中多数时候都处于粉丝内部鄙视链的底层，但他们依旧坚持自己的选择，这加深了粉丝的个人认同。

其实有的时候，我粉某对 CP 一是因为他们"营业"发糖多，二是因为 CP 粉不是总被看不起吗，总被唯粉骂，但我就是觉得（我喜欢他们）这样很酷……

——被访者

身份认同是普通粉丝成为 CP 粉的重要原因。以一个普通粉丝为例，起初他可能因为社群归属感的缺失试图融入 CP 粉社群，最终成为一名 CP 粉；在社群日常活动中，因为社群内的情感交流加深，他难以割舍 CP 粉的身份；和唯粉的战斗是 CP 粉社群的"外忧"，这种战斗大大加深了他作为 CP 粉个体的身份认同，使得他巩固了 CP 粉身份的认知；社会主流的误解，给了粉丝"叛逆"的错觉，反抗精神满足了他的个人认同。就这样，在身份认同的心理驱动下，一个普通粉丝经历了成为 CP 粉、加深 CP 粉认同、难以割舍 CP 粉身份三个阶段。

CP 粉的关系幻想——亲密关系的变现

"人与人之间产生吸引力最基本的假设是：他人的出现对我们有奖赏意义。"（罗兰·米勒，2011）在《亲密关系》一书中，作者将吸引力定义为他人对自己的价值和意义，也可以理解为他人的魅力做功。在回答 CP 粉为什么会沉浸于他者情感时，需要考量两种吸引力的共同作用，一个是 CP 偶像对粉丝的吸引力，另一个是 CP 偶像之间的隐性吸引力。吸引力的主要影响因素有临近感、长相吸引力、喜爱偏向度、相似度和障碍感。人们在吸引力判断中，身边相处的人往往会获得更多的关注；长相优越的人，的确会在"芳心收割"上更加成功；人们为追求平衡并满足内心期望，会喜欢对自己有好感的人；虽然说异质相吸，但事实上仍然需要相似的核心价值；人们会对始终得不到的感情蠢蠢欲动。这些都是决定亲密关系吸引力大小的重要因素。《亲密关系》中如此界定亲密伴侣的选择标准：

在世界各地，人们评价未来的伴侣有三条基本标准。如果可以选择，大多数人都期望伴侣有以下特点：

（1）热情和忠诚，值得信赖、亲切友善、给予支持、善解人意；

（2）充满吸引力和活力，长相俊美、性感、外向；

（3）拥有社会地位和资源，经济宽裕、生活安心。

人们的优化生殖本性决定了人们在寻求人生伴侣时考虑多种因素，大家都在寻找能力范围内的完美期望伴侣。人们在寻找未来的伴侣时，会用期望值公式来衡量自己对他人的兴趣，以及接近伴侣和建立亲密关系的可能性。公式为：对伴侣的期望值 = 伴侣的长相吸引力 × 伴侣接纳自己的可能性（Shanteau、Nagy，1979）。长相是期望值的重要决定因素。在人们的刻板印象里，男性对伴侣的长相更加看重。但事实上，男性和女性对长相的偏爱程度所差无几，无论是男性还是女性，都喜欢长相姣好的伴侣。公式中的另一个因素就是伴侣接纳自己的可能性。如果喜欢上容貌绝美的人，然而对方喜欢自己的概率并不大，人们并不会过度地浪费时间。亲密关系的概念在互联网时代已经跨越介质和距离，建立起网恋、和虚拟人物结婚等多种新型亲密关系。粉丝追星同样也是亲密关系的自身投射，在粉丝群体中"女友粉""老婆粉"比例较大。这就可以进一步解释两个层次的吸引力。CP配对对粉丝的吸引力来自他们双重的俊美长相。偶像是贩卖梦想和长相的职业，他们正因姣好容颜成为受众的梦中情人，偶像的长相吸引力已经足以吸引大量粉丝，而官方营销或粉丝大大营销的CP配对则是双重的美貌攻击。

在这种情况下，偶像对粉丝的吸引力也是双倍的。因此，CP 对于粉丝而言是高长相吸引力的理想伴侣。

大部分粉丝沉溺于理想伴侣长相的同时，也保持着清醒的认知，他们大多明白偶像并不能接纳自己，这种单相思就转化成情感寄托。人们喜欢什么样的人？喜欢那些对我们有好感的人（依据平衡理论，人们期望他们的思想、感情和社交关系能保持一致）；喜欢那些与我们相似的人，如人口统计学上的相似、态度和价值观的相似、性格的相似。相似的伴侣可能比任何人更能满足我们的需求。两名偶像，他们职业相似、经历相似、容貌平分秋色、生活环境相近，这种情感设定在粉丝看来是最为完美的伴侣关系。他们将无法实现的亲密关系幻想映射到偶像 CP 身上，产生强烈的主观幻想。粉丝会在生产幻想文本时将想象中的互动细节融入其中，将偶像 CP 幻想成完全符合模范情侣的模样。一定程度上，这种情感映射反映了自身对完美亲密关系的渴望。为何 CP 粉大部分都热衷于同性男艺人之间的互动呢？CP 粉大部分为异性恋年轻女性，她们的情感映射体现了她们的欲望，也体现了她们的私心。障碍感是影响吸引力的重要因素，有的人会因得不到的感情刻骨铭心，也有的人会因为自己得不到而不让他人得到。心理抗拒理论认为，人们如果失去行动或者选择的自由，会奋力争取重获自由。因而，如果我们面临失去某种东西的危险，我们可能反而想得到更多。很多"女友粉""老婆粉"不能忍受自家偶像和异性艺人的互动，但对于同性之间的亲密关系则没有过激反应。为了解释第二层吸引力，必须明确显性吸引力和隐性吸引力的差异。显性吸引力是情感双方的主观情感吸引，隐性吸引力则是旁观者站在局外人的角度对别人的情感进行吸引力分析。CP 之间的情感走向和互动细节几乎都源于粉丝的幻想，他们根据种种现实细节进行吸引力推断。比如，CP 是同公司艺人，CP 粉就会塑造出同吃同住同行动的临近感很强的日常生活细节，这样粉丝自己就会相信 CP 彼此的吸引力愈加强烈、感情愈加稳定。

在《亲密关系》一书中，有一段让人倍感悲凉的关于颜值公平的论述。"长相吸引力是需要匹配的"，人们或许都想得到俊美的伴侣，但最终结果通常是与自己容貌相当的人配对成功。已确定爱情关系的伴侣，他们的长相吸引力往往是相似的，即他们的容貌是相匹配的。另外，虽然每个人都希望自己的伴侣长相俊美，但只有那些长相也俊美的人才得偿所愿。从吸引力角度来讲，粉丝因自身长相几乎不可能和偶像匹配，便选择将情感寄托在另一位同性男艺人身上。情感映射的具体细节则是粉丝根据现实生活进行的亲密关系幻想，从而加强了 CP 配对之间的吸引力作用。人们还仰慕那些有能力和有才华的人，这种能力和才华是自己所没有并渴望拥有的。相似起作用的另一微妙之处在于，那些我们渴望成为的人对我们有吸引力。我们往往喜欢那些与我们的理想自我相似的人，即那些拥有我们期望拥有却并不具备的品质的人。

总之，为了回答"为什么存在 CP 粉？"和"为什么 CP 粉在非己亲密关系中越陷越深？"这两个问题，需要从吸引力的两个层面来做出解释。一个是 CP 的双倍长相吸引力增强了粉丝的热爱，另一个是粉丝幻想出的 CP 之间的情感互动细节加强了彼此的隐性吸引力。"自我监控指人们为适应不同的情境而调控自己社会行为的能力。自我监控能力高的人热衷于调整自己的行为以便给他人留下好印象。"(罗兰·米勒，2011)而且大部分粉丝很难意识到自我幻想的存在，不清楚真实和虚拟的界限。

CP 粉的媒介赋权——解构权威的快感

"赋权"这个概念最早出现在西方政治学领域，意指"个体、团体和社群掌管其境况，行使其权力并达成自身目的的能力，以及个别和集体地，能够帮助自己和他人将生命的品质提高到最大限度的过程"。互联网的发展，使得赋权这一动态过程从政治学领域发展至媒介领域。人人都拥有发声的权利，人人都可以成为官方权威的解构者。"新媒介赋权指的是媒介成为权力实现的重要源泉与力量。它通过个体、群体、组织等获取信息、表达思想，从而为其采取行动、带来改变提供了可能。"新媒介赋权在亚文化领域表现为人们拥有表达思想的自由权。在同人文化里，人们可以创造异于主流文化的"影子文化"，粉丝小说和粉丝剪辑作品根植于主流文化的生产成果，小说在原著人物角色基础上进行全新的情节塑造，剪辑作品则是以官方作品为脚本，加入全新的创作理念并运用剪辑技巧重塑视频主题。这些都是自由解构权力的表现。

生产力活跃平台上存在着大量文本，这些文本内容大多以 CP 双方作为文本主角，以官方文本为生产基础，融入生产者的想法表达。CP 同人文中，作者会加入大量脑洞细节，融入读者普遍喜欢的情感环境设定，例如，青梅竹马设定、霸道总裁设定、黑社会设定、青春校园设定等，作者将偶像设置在完全虚幻的情境中，加入自我臆想的互动细节，人物的情感走向完全依据作者的想法发展。同人视频里，剪刀手搭建全新的故事情节，仿佛导演和剪辑师，将现有素材重新组合并配上全新的字幕和背景音乐，实现自我表达。偶像作为公众人物，是一种官方权威的象征，在现实中他们绝不可能按照粉丝主观意识行为，但在 CP 文、同人视频等同人文本生产中，他们成为被解构的对象，在粉丝主观意识中按照粉丝想法行为。"有的 CP 视频剪得特别成功，其实可能就是两人对视一下，但 UP 主会加上非常深情的背景音乐，还加上了慢动作，前后还有故事情节作为呼应，就导致这个对视变得含情脉脉，我看的时候就觉得非常满足，觉得他俩是真的……"（摘自访谈）不仅是创作者，受众也会在权威的解构和重塑中获得快感。创作者作为主流文化的被动接受者，在互联网媒介赋权的情况下可以自由表达，网络共享特质提供了丰富的创作素材和分享渠道，解构权威并重塑产生的快感让人沉醉。

归因，就是指人们对事情发生的原因（特别是指人为什么要做或者不做某件事情）做出的解释。归因能确定事件的起因，强调某些因素的影响并忽视其他因素的作用。这章主要归因了"为什么粉丝会成为 CP 粉？"和"为什么 CP 粉会越陷越深？"这两个问题，四个核心要素为性别认同感、身份认同感、亲密关系幻想和媒介赋权。

关于为什么粉丝会成为 CP 粉，有如下解释：

性别认同感：粉 CP 的习惯源于耽美文化。部分女性对自己的女性社会角色深感不满，试图凭借性别迁移表达自己的性别抗争。

身份认同感：粉 CP 是希望融入 CP 粉社群中。

亲密关系幻想：部分粉丝清楚地明白偶像虽然满足理想伴侣标准但几乎不可能接受自己，便找到另一位相似度较高的偶像，幻想他们的亲密关系，从而得到满足。

媒介赋权：普通粉丝在粉丝大大的解构文本生产中对 CP 同人产生兴趣，成为 CP 粉。

关于为什么 CP 粉会越陷越深，有如下解释：

性别认同感：CP 粉在宣泄性别压力的同时还依靠 CP 同人文本中的性爱描写或双重美貌感染来缓解长久以来的性压抑。长此以往，对 CP 配对形成认同依赖感。

身份认同感：CP 粉社群中的情感交流和互动，让社群成员形成强烈的集体归属感。另外，社群外部的误解和排斥，促进了内部的团结和凝聚，在组织活动中愈加强化对社群的感情，这就导致 CP 粉很难割舍自己的身份。

亲密关系幻想：在现实生活中，粉丝对完美伴侣的期望很难得到满足。而 CP 配对真实的姣好面容和幻想中的亲密互动细节，完全弥补了粉丝内心亲密感的缺失。现实的打击和幻想带来的满足，使得粉丝"幻想成瘾"，最终越陷越深。

媒介赋权：无论是文本生产者还是文本受众，都会在解构权威、自我表达中获得快感。和沉重的现实压力相反，粉丝大大可以在互联网平台获得粉丝群体的强烈认可，他们生产出的文化产品有读者、有肯定、有赞扬。自由表达带来的快感，加速了粉丝大大的沦陷。对于普通读者而言，他们可以以粉丝大大的文本为载体再一次进行自我表达，从而更加满足。

第七章
理智边界

　　当某位当红流量小生出现在机场时，前呼后拥的送机粉丝可能会占据半个出发大厅。他们手持横幅，这种双面精美印刷的铜版纸或无纺布材质的横幅被称为"手幅"，手幅一面印有表白话语、一面印有偶像的精美照片。粉丝们前后夹击，一只手拿着手机，试图在拥挤的人群中拍到偶像的边边角角；更为专业的粉丝手里拿着"长枪短炮"，倒退着走在偶像跟前，试图拍出街拍大片。偶像助理和保镖会收下粉丝的信件和礼物，他们还会一直管理现场秩序，在拥挤的人群中为偶像开辟行走空间，还要注意偶尔冒出的"咸猪手"。偶像在这一过程中并不会做过多的停留，只是在混乱嘈杂的环境中偶尔和粉丝招手示意。在偶像过安检后，粉丝并没有全面散退。部分粉丝会购买当日低价航班，和偶像一起过安检，在候机区继续"陪伴"，飞机起飞前再进行退票操作，这种行为叫作"刷关"；部分粉丝则会直接购买相同航班，与偶像一同乘机。在候机区，偶像会被粉丝围绕，脸熟、经常送机的粉丝就会试图上前搭话，其他粉丝继续拍照。从大厅到安检区再到候机区，偶像都不会有属于自己的空间，即使不堪其扰进入 VIP 休息室，也会被零散的土豪粉丝跟着。登机廊桥、机舱交界、飞机厕所附近都会有粉丝的身影，当红偶像在机场很难有私密空间。

在搜索引擎上搜索关键词"粉丝航班延误"，可以得到 4 560 000 个相关结果，其中大部分是关于受粉丝追星影响航班延误的新闻（见图 7-1）。近年来，大众对粉丝扰乱公共秩序、侵犯他人权益的行径持批判态度，对粉丝的看法也是持续走低。很多粉丝购买当日廉价航班机票成功，跟随偶像过安检，但会在偶像登机后退票，这严重影响了他人购票的合法权益；一部分粉丝还会购买同航班头等舱或商务舱机票，在获得和偶像亲密接触的机会后，在飞机起飞前利用机场购票漏洞要求退票，导致航班延误；更有甚者，在飞机滑行、跟飞下机时堵在舱门口或廊桥附近拍摄偶像，阻碍他人正常通行，带来极大的安全隐患。2021 年 6 月 11 日，民航局召开例行新闻发布会，通报自 2021 年以来，仅首都机场公安局就办理了涉粉丝违法违规追星案件 17 起，共刑事拘留 2 人次，行政拘留 10 人次，行政罚款 342 人次，警告 121 人次。疯狂的、没有边界的追星族严重损害了公共利益。民航公安机关甚至将管控跟机粉丝作为工作重点，强化民航社会面治安管控，对粉丝追星过程中出现的违法违规行为保持严打态势，加大信用惩戒力度，依托联合惩戒机制，将被公安机关处罚的违法人员视情节列入严重失信人名单，限制其乘坐民用航空器。

粉丝追星导致航班延误,什么才是"饭"爱豆的正确方式?_搜狐

2018年5月21日 - 还有部分粉丝没验登机牌就冲进去了,工作人员只能跑去追,接着又有人不断闯进去,直到警察出现,没验登机牌的粉丝才被追回,这些行为直接导致航班延误了50...

搜狐网 - 百度快照

粉丝追星致航班延误 人民日报:只会败坏偶像形象

2018年12月18日 - 机上4名中国粉丝在起飞前突然要求下飞机,导致该航班严重延误。这4人据称是一个韩国偶像团体的粉丝,登机时还携带有标语牌。这个偶像团体的成员上...

人民日报海外网 - 百度快照

20多名偶像粉丝追星导致航班延误2小时!扰乱航班秩序的追星粉丝有...

2018年5月16日 - 粉丝追星致航班延误2小时 粉丝在机场围追明星的场景,近年来已司空见惯,以致在机场粉丝蹲点圈里还爆红过所谓的"虹桥一姐"。但5月7日的一场粉丝机场追星却让人...

每日旅游新闻 - 百度快照

粉丝追星堵住登机口,致使飞机延误2小时,为何还不把他们..._新浪新闻

2018年5月16日 - 近日,有20多名粉丝为了追星,买了机票全程追踪。在虹桥机场登机时,粉丝为了拍摄明星,不听工作人员劝阻,堵在登机口导致航班延误超过两个小时。航班晚点...

https://news.sina.com.cn/c/201... - 百度快照

图 7-1　粉丝追星致航班延误相关新闻

有四名粉丝为了追星,购买和偶像同航班由香港飞往首尔的机票,在成功见到偶像后,四人在飞机起飞前突然要求下飞机并全额退款。这导致飞机上 360 名乘客被迫重新安检,航班为此延误一个多小时起飞。

在机场有二十个粉丝,为了追星买了同航班全程跟机,她们堵在登机口,拍摄自己的爱豆,导致登机口乱作一团。还有部分粉丝没验登机牌就冲进去了,工作人员只能跑去追,接着

又有人不断闯进去，直到警察出现，没验登机牌的粉丝才被追回。这些行为直接导致航班延误了50分钟才起飞。起飞后，经济舱的粉丝们又齐刷刷奔向头等舱。等航班落地滑行时，粉丝们又不听劝阻起身堵在了机舱出口。

此类事件层出不穷，粉丝在大众眼中成为"脑残""疯狂"的代名词，"这本质上和'公交车抢夺方向盘'相同，都是个别高度利己者非理性的疯狂"[1]，在狂热分子的渲染下，粉丝群体被污名化为违背公序良俗只为满足一己私欲的疯狂失智者[2]。在笔者进行的随机采访中，非粉丝群体对媒体塑造的粉丝形态有着极高的接受度，这反映了大众对粉丝及其狂热爱好的文化想象。

粉丝与理智边界

"粉丝"一词是"fans"的音译，fan（复数形式fans）是英文fanatic（疯狂、极端分子、入迷者）的缩写形式，拉丁语词源为"fanaticus"。在拉丁语中，此词的本义是"属于一座教堂，教堂的仆人，热心的教众"，但很快有了负面引申义，"被秘密性交祭神秘仪式所影响的极度热情狂热的人"（《牛津拉丁语词典》）。

---

① 中国长安网. 追星应守公序良俗，无权让他人买单. (2018-12-17) [2021-05-15]. https://weibo.com/5617030362/H7EXK7tJI?refer_flag= 1001030103.
② 詹金斯. 文本盗猎者：电视粉丝与参与式文化. 郑熙青，译. 北京：北京大学出版社，2016: 10-11

fanatic 一词从描绘宗教狂热者发展为描绘拥有普遍狂热情感的疯狂状态。从词源角度来看，粉丝的"疯狂不理智"的刻板印象似乎是根生的。在中文语境中，"粉丝"一词最早出现在 2005 年，伴随着选秀节目《超级女声》的大热和通信技术的迅猛发展，粉丝力量逐渐被人们知晓。近年来，随着粉丝力量的迅猛发展和新媒体的普及，报道中对粉丝的描述大半建立在他们疯狂无脑的喜爱和反社会的付出上，造成了大众对粉丝的刻板印象，似乎所有追星族最后都会落得家破人亡的凄凉结果。

自媒体横行的"博眼球"信息时代，媒体出于私利会挖掘甚至捏造最极端、最黑暗、最不可理喻的事实，用理智失衡的极端粉丝状态代表粉丝群体，满足非粉丝群体的刻板幻想。媒体常常把粉丝刻画为反社会者，详述他们在对名人的亲密关系幻想破灭或无法获得自己想要的结果时采取的极端行为。在"粉丝"一词刚刚进入人们的认知时，媒体便专注于刻画粉丝群体情绪不稳、偏执危险、自我封闭的形象特质。媒体在讲述相关事件时，自然不会放过一些天然爆点，语言引导方向也始终是追星对家庭和社会的危害，刻画出初中辍学、离群索居、有社交障碍的粉丝形象。事实上，粉丝家庭结构的特殊性和个人偏执、沉溺幻想的心理特质才是造成悲剧的根本原因，"粉丝"身份并不是原罪。

如果用理智标尺来划分粉丝的话，刻度 0 代表情感状态为完全冷漠，刻度 100 代表情感高涨超出理性范围。判定粉丝所属标尺位置的因素有：情感投入成本、经济投入成本和现实认知程度。

情感投入成本，是指判定一个粉丝的理智程度可以凭借他对偶像的情感投入程度或在其他领域的情感消失情况。情感投入过高，表现为在情感相关琐碎细节上过度投入，并且在现实生活中情感投入减少。经济投入成本过高表现为，会掏钱为与偶像相关的一切买单，更有甚者，经济投入已经完全超出承受范围。现实认知是指，粉丝在投入情感和金钱的时候是否还能分辨幻想和现实，过度消耗蚕食了现实和幻想的界限，和偶像的刻意亲密接触让他们加强了对偶像的性幻想或私密幻想。如果粉丝保持理智的追星态度的话，他们的情感投入、经济投入和现实认知都保持在合理范围内，粉丝的理智并不会突破边界。正如前文介绍的那样，在粉丝内部存在着鄙视链，"不投入精力或金钱的追星都是白嫖"，由于群体归属感和身份认同感的内在驱动，有真情实感且理智的粉丝大多处于刻度50以下的范围。媒体对过激疯狂粉丝的刻画并不是凭空捏造，他们只是选择性地报道，试图以偏概全污名化整个群体罢了。超出理智边界的粉丝是真实存在的，他们的情感投入让旁观者难以理解，他们的经济投入大大超出想象，他们的心理状态和思考方式也逐渐背离理智人。

在理智边界徘徊的粉丝众多，他们在情感、经济投入和现实认知三个维度上各异。其中，有三类粉丝尤为典型。站姐所代表的是情感投入高、经济投入高的粉丝，较理智的同时有着明晰的边界感；代拍则是情感投入低、经济投入高、理智边界模糊的粉丝；私生饭则是理智边界彻底模糊的非理智人。

她们在追星也在运营站子——站姐

当你拿起手机，点开微博，进入某位明星的超话时，里面充斥着偶像于机场、舞台、酒店的各色美照，角度精准、皮肤白皙、眼神清澈，在照片的边角还有着精心设计的水印，这意味着这些照片并非官方生产，而是粉丝自治组织站子生产出的绝美照片。以某位当红流量偶像为例，他的站子有200余个，站子的大小相异，成立的原因各不相同。笔者通过参与式观察了解到，有的站子的结构和官方后援会不相上下，组织内部有着明确的分工合作，有人负责美工，有人负责文案，有人负责前线拍图，有人负责外部联系，成员会定期缴纳站费。有的站子则是由一两个人包揽全部工作，这些站子并没有严密完整的组织结构，核心人物负责站子内部的全部事宜。无论站子大小，核心人物也就是"站姐"都在情感、精力、经济上有着超乎想象的付出。无论她们成立站子的目的是什么，她们的位置都是明显位于理智标尺右侧的。

下面将以一次普通活动为例，简要介绍"站姐"的工作流程。在官方活动开始前，站子会第一时间接到官方粉丝组织的通知，如果允许粉丝参加，贡献较大的站子可能从经纪公司或官方粉丝组织那里直接获得名额，站子要设计在活动现场发放给普通粉丝的贴纸、扇子、手幅、小卡等物品，还会设计活动现场携带的灯牌、头灯、荧光棒等，部分站子还会在活动现场附近包下应援地点，如咖啡厅、便利店、餐厅等，给普通粉丝提供休息落脚点。如果活动有重要意义，站子还会给偶像准备场外应援，比如在活动城市投放大屏广告、地铁广告、登机牌广告等，安排活动场馆外的装饰花墙、海报墙、易拉宝、甜品车、餐车等。然后，站姐进入活动现场，手拿专业相机（一般是佳能 5D4 和 400 焦距镜头，这种组合被称作"无敌四 + 大白兔"）进行现场拍摄。各个站子之间会比拼应援质量，也会比拼现场的出图速度和质量。偶像正在活动现场唱歌，没有几分钟，微博平台就出现了众多粉丝拍摄的画质超清的精美照片，大大满足了没有办法到活动现场的普通粉丝的观看欲望。其实，这就是各个站子之间比拼的结果，只有出图速度更快、出图质量更好的站子才能在第一时间抢占粉丝的注意力，获得更多粉丝的关注。

无论是前期准备还是后续出图，站姐都在情感和经济方面注入更多成本。她们独立运作，以偶像为中心完成方案策划、视觉设计、供应物料、宣传推广一系列"品牌"营销，仿佛专业的广告公司、公关公司及公关经理。除了能力考量，这一系列运作需要高昂的成本，"为爱发电"是站姐心甘情愿投入高精力、高资金的重要原因，这部分站姐大多是事业有成的年轻女性，有趣的是，这种类型的粉丝大多是妈妈粉。她们把追星、开站子、做应援、和其他站子比拼看作日常乐趣，对偶像的感情也因为越来越高的投入加深。

我的崽不能比别人的差……投钱我也是量力而行，几个小姐妹经济条件差不多，大家凑一凑一次应援的钱就出来了，少买个包包就行了（笑）……站子做到现在，大家几乎都知道了，现在也有点不敢跑路的感觉，更重要的是我们对崽的感情还那么深，怎么可能走呢……普通粉丝对我们的期望也一直很高，我们每做一次应援，看着大家的反馈和打卡，也特别有成就感，钱倒是无所谓，和这群小姐妹的感情很重要，大家对我们的认可也让我们很受用……（那没有散粉批评的声音吗？）当然也有，不过这么多年了，我们站子的口碑在粉圈也很好，还是替我们说话的散粉更多些。

——被访者

正如上文所介绍的粉丝自治组织的运作方式，站姐是应援站子的核心人物。当提及自己的理智程度时，接受访谈的部分站姐认为自己是高情感投入、高经济投入、现实认知清晰的一类，虽然自己在情感和精力上投入过多，多到"不敢跟身边的人提起自己在第二职场的所作所为"，甚至对同事完全隐藏自己的追星族属性，以免削弱自身的管理权威，但她们有着清晰的现实认知，即使投入再多，她们也不会试图私下联系偶像。在这部分粉丝看来，偶像存在的意义就是现实生活压力大时的虚拟世界情感宣泄，能够分清现实和虚幻的界限使得站姐清楚地了解自己的付出是单方面的"花钱买快乐"，在这一过程中"自己快乐就好"，对偶像具有真情实感的表现就是越来越高昂的投入。这部分粉丝的理智边界是超出普通人的接受范围的，她们在现实生活中的经济优势给予了她们更大范围的理智边界。

假作真时真亦假——代拍

具有真情实感并掏出真金白银的站姐在粉丝圈层中是受到尊重的，她们位于粉丝内部鄙视链的顶层。站子微博下方的评论，大多是"豪""站姐辛苦了""有排面"等表示感谢、赞扬和尊敬的话语。这种虚拟世界中前呼后拥般的被追捧之感吸引很多粉丝效仿。很多在现实生活中存在感较弱的粉丝贪恋虚拟世界中的万人追捧，于是他们同样成立站子试图博得关注，甚至是一掷千金。然而这超出他们的经济承受范围——偶像全国飞，机票、酒店费用这类粉丝就很难全部承担，更不要提活动现场的应援费用了。经济成本超出承受范围，于是就催生了一系列粉丝经济灰色产业链。

"代拍"正是产业链中的重要一环，指的是那些长期活跃在机场、酒店、活动现场的职业粉丝，他们在本地的机场和活动现场拍摄大量照片，转手卖给开站子有需要的"伪站姐"。这种灰色交易正大光明地发生在微信代拍群中。在此类微信代拍群中，有两种营业模式：一是代拍在群中售卖于活动现场已经拍好的照片，按照小包、中包、大包的数量售卖，在群里发布相关信息；二是代拍在群昵称中标注地址和设备，长期在群中招揽生意，按雇主要求拍摄相关照片。此类宣传广告在微信代拍群中此消彼长，感兴趣的买主不会轻易在群中说话，而是直接加好友私信进行交易。群聊信息大多采用黑话，这种加密形式自然地过滤掉了非专业买家。

出旧图：××决赛，所有人都有，图 fo 都有，cp 也有；××决赛，组合所有人；分享会巡演，所有人都有，图 fo 都有，cp 也有；巡演，所有人都有，图 fo 都有，cp 也有。

长期接 pek/北京南站/北京内代拍，拥挤人流里也能拼出绝美，直传掰兴又快又好，设备 5d4，⑰加先备用。

接××活动，5d4 大白兔，出席艺人都可接，双机位，无站子可直传，祝您 battle，可 fo 可图，大包小包全包都可，图好价优，欢迎滴滴。

——群聊记录

正如群聊中经常出现的"大白兔"（专指佳能 2014 年生产的第二代 100-400 长焦镜头）、"fo"（指 focus，一般指偶像团体中专对一个人的饭拍录制）、"掰头"（battle 的音译，指各个站子之间出图速度和出图质量的比拼）、"直传"（指可以在拍摄现场实现照片和手机直传，保证出图速度）等专业黑话，站姐和代拍之间的沟通方式能严格筛选出专业与非专业人士。专业代表着懂规矩、可长期合作、不乱说话。有想试水成为站姐的普通粉丝往往会托朋友关系介绍代拍，在几次合作之后这种代拍会成为固定的站子代拍。

代拍只是追星灰色产业链中的一环，还存在着"代修""代设计""代剪辑"等工作者。"代修"就是帮忙精修偶像照片；"代设计"是指站姐在做应援时需要的全部视觉设计，手绘人像、手幅、花墙、小卡等均可以代为完成；"代剪辑"是指有偿帮忙剪辑偶像视频。这一系列完整产业链促成畸形的追星生态，即使站姐没有任何专业技能，即使她们从未参加过偶像的任何现场活动，她们也可以从代拍那里买到一手照片，继而购买专业修图、设计、视频剪辑等服务，站子同样可以吸引大量散粉。自然地，大家会产生这样的疑问：这部分"伪站姐"这样做的目的是什么呢？投入高昂的资金仅仅是想获得虚拟社群中的追捧，进而弥补现实生活中的认同缺失吗？当然不是。

　　和大众的理解存在明显差异的是，追星不再是纯粹的情感寄托，反而越来越趋于职业化，"利益"成为职业追星族的驱动力。职业站姐就像在运营皮包公司，自负盈亏。她们会包揽站子的核心职能，比如，发微博、接收私信等，但会外包站子的专业职能，将拍照、应援、设计等专业职能外包给"代拍"等专业人士。在前期投资收到显著效果后，例如，该站子在粉丝圈层中拥有了较为突出的话语权或者投资的偶像粉丝暴增，职业站姐便会将投资变现。职业站姐在投资时会主要考虑偶像的发展潜力、粉丝的成熟程度、粉丝的情感投入三个因素，一般会选择发展潜力较大且专业站子并不多的偶像，还会偏爱选秀节目中的小偶像，影视剧作品塑造的荧幕CP 也是职业站姐的主攻对象。这类偶像的粉丝并没有形成完善的粉丝生态，他们对营利站子的警惕性并不高，对站姐的常见套路也并不熟悉，短期内却拥有对偶像和粉丝大大最为热烈赤诚的情感，因而他们为站姐的营销买单的概率也大大提升，站姐的回本和盈利可能性也随之提升。站姐会选择销售和集资两种方式来谋取利益，可以凭借贩卖低成本的写真集、小型写真集以及其他周边产品获取利益，也可以号召粉丝集资侵占部分款项。以写真集为例，这是粉丝圈子里比较受欢迎的粉丝自制产品，30~40 页的全彩相册成本可以控制在 10 元以内（印刷数量越多，单价越低），小型写真集页数更少，成本通常会更低。站姐在销售时常用的策略就是"写真集免费送，你来付运费"，看似赔钱的买卖里面其实大有文章。一般而言，站姐会和快递公司谈好大单快递的价格，快递成本可以控制在 3~4 元，薄利多销下，站姐的盈利也颇丰。

普通粉丝之所以会心甘情愿地为这些营销买单，一方面是因为他们的警惕性低且热情高，另一方面是因为站姐的前期付出具有迷惑性。这部分"伪站姐"在各色活动中的前期付出真假很难判断，她们会大手笔地包下户外楼宇大屏广告，她们也会在活动前夕准备手幅、小卡、易拉宝、花墙等应援，她们还会给偶像送大大小小的奢侈品作为礼物。其实，这些看似高昂的投入也可能藏着猫腻。如果联系专门的广告公司，很容易确定合作关系，并拿到长期内部价，再加上楼宇广告的价格也是逐年走低，这种看起来光鲜亮丽的投放方式远没有所宣传的那样需要付出高昂的成本。

猫腻更多的是国外应援，比如做到日本、北欧、大洋洲的什么犄角旮旯的，一方面价格不透明，另一方面当地也没有多少粉丝会去验证，那么可以操作的空间就更大了。现在很多国内明星的站子喜欢跑去韩国做应援也是因为这样一个原因，既便宜又好吹，但这类应援也是最没用的，当地有人认识你的爱豆吗？

你说看到站子自己拍的实物图就一定靠谱吗？那也未必，我也知道有些站子借亲戚朋友的奢侈品拍图然后还回去，还有一些站子买一堆空盒子，包装得美美的，造成送了堆得像小山一样高的礼物的假象。就算你亲自查验过礼物并跟着站子送到明星公司，也很有可能被工作人员中饱私囊，到明星本人手上的还有多少，我们不得而知。

——论坛留言

部分职业站姐通过真真假假的套路获利颇丰，投入成本 2 万元反赚百万的极端案例是存在的，但不应以此污名化全部站姐。部分站姐虽然是经济学意义上的"理性人"，但她们依旧对偶像拥有较为狂热的情感付出。职业站姐以追星为职，她们的现实认知是所有追星族中最为清晰的，长期和偶像接触使得她们渐渐打破了对艺人神圣光芒的幻想，在她们看来，"他在机场摆造型就是我的模特而已"，抓紧时间拍下来找到买家才是目的。偶像是贩卖梦想的职业，"伪站姐"更像是贩卖幻想的职业，她们将完美包装的文本作品贩卖给迫切需求幻想滋养的普通粉丝。偶像在她们眼中和帅气路人差别不大，但在普通粉丝眼中偶像就是难以触摸的天神，这种现实认知打破了偶像和粉丝的天然结界，但这种现实认知在过度的情感投入下极易变质。

畸变的现实认知——私生饭

一部分职业站姐在挑选投资对象时，会违背她们的理性选择，挑选一些明显无法从中获得回报的偶像。这其实是现实认知畸变的表现之一，她们接近并不红的偶像并塑造铁粉形象，试图和偶像开展进一步的交往。现实认知，是衡量粉丝是否突破理智边界的重要标尺。有人之所以喜欢唱跳偶像，是因为"万人景仰"其实是多数人的梦想。拥有姣好容貌，可以在舞台上畅快表达，被众人喜爱，而偶像正是替你实现梦想的那个人。从理智上来说，喜爱偶像只欣赏他光芒万丈的样子即可，应当远离舞台下、荧幕后的那个普通人，这是健康正常的现实认知。艺人也只是众多职业中的一种而已，公共曝光使得该职业具有一定的特殊性，但这并不代表偶像的私生活也应当被他人关注。然而，现实认知失衡的粉丝却将情感重点偏移到偶像的私生活。他们对舞台上魅力四射的偶像形象并不感兴趣，喜欢在私底下接触偶像，或者说他们喜欢私下接触带来的隐秘快感和满足自己的窥私欲。这类粉丝被称为"私生饭"。

"私生饭"源于韩语사생팬，即私（사）人生（생）活的粉丝（팬）。该类粉丝以侵犯明星隐私，通过偷窥、跟踪、偷拍等极端形式，了解明星在私生活中的一举一动为荣。在饭圈中，各类粉丝达成的共识是"私生饭不算粉丝"。私生饭的日常行为是跟踪和偷窥，他们有自己的小群体，实现资源共享，偶像的家庭住址、日程安排、联系方式都可以从中获得，部分私生饭还会以此牟利，在社交平台上贩卖这些基本信息。私生饭没有自己的生活，跟踪、偷窥

就是他们的全部。在报道中，有的私生饭几天几夜蹲守偶像私人住宅，更有甚者会潜入偶像的家。

> 这已经不光是触碰到我的底线的问题，你已经触犯了法律。前天盗取我的微信号，今天私自潜入我家，使用我的生活用品，在浴缸洗澡等一系列让我崩溃的行为，真的让我非常非常气愤！！
>
> ——某位偶像微博

这种严重违背公序良俗并让人毛骨悚然的私生饭行为，不仅仅会让偶像愤慨，这对于任何一个人而言都是噩梦。私生饭可能为了让偶像多看自己一眼，组团包车在高速公路堵截偶像，还会故意擦车造成事故引发关注；他们还会在偶像车上安装GPS定位，在入住酒店安装针孔摄像头，种种行为是在法律的边缘试探；他们甚至还会做出极端行为引起偶像关注以宣布自己对偶像的"主权"。这部分行为极端、侵犯他人隐私、对公共安全产生威胁的群体在粉丝社群和社会中都严重缺少归属感和认同感，他们的身份认同和行为认同全部源于自身判定。

> 我觉得我对我的偶像有了更多的了解，离他更近了。如果我去看演唱会，会有成千上万的人参加，所以偶像不会知道我是谁。但如果我成为私生饭（我其实不算私生饭，就是喜欢他的普通人），他就会认出我来。如果我一直告诉他，我是××，

我以前在哪个地方见过你，他就会开始注意我，还会问我："你今天又来了吗？"对于我而言，能被偶像认出来，是一件好事。

——被访者

当访谈围绕"自身认同"这个问题时，大部分私生饭都不会承认自己的身份，他们将自己定义为较为狂热的普通粉丝，也有人认为自己是站姐或代拍。可以清楚地感觉到，对于"私生饭"这个臭名昭著的身份，很多人都会避之不谈，他们因此很难获得来自社群的身份认同感。当狂热的行径和疯狂的付出难以得到社群和社会的认同时，个人将会把这种情感诉求加注到客观对象上。私生饭的行为在粉丝圈层中已经是人人喊打，他们彼此的感情也在忌惮中较为脆弱，他们只能把这种狂热的情感回应需求强加在偶像身上。私生饭中较为常见的现象是"脱粉回踩，疯狂爆料"。偶像的私下行为稍有不如意的地方，或者私生饭疯狂的情感投注得不到偶像的正面回应，他们就会将自己的日常偷窥或隐秘资料公之于世。某位偶像因在下班路上搭载同事就遭到私生饭的拦截，私生饭会要求偶像摇下车窗看看搭载的是否为偶像CP，此类极端举动在私生饭群体中屡见不鲜。

某位艺人经纪人爆料：女粉丝××拥有一定财力，为接近偶像，高价买屋成为楼下邻居，困扰偶像长达半年，其间有偷拍等行为，甚至在半夜敲门要送汤给偶像喝。遭到偶像拒绝后，女粉丝恼羞成怒，做出了一系列极端行为。

——新闻报道

　　私生饭的现实认知已经完全失衡，他们将自己的现实生活和偶像的私生活混为一体，完完全全放弃自己的人生。正如有人所说的那样："娱乐圈很少有明星将自己的粉丝作为朋友，这是真的。明星的保镖是因谁雇的？防谁的？仇人吗？如果是仇人，那么仇人会去追车，会去看演唱会，会去查酒店信息？大家可以好好地统计一下，明星的保镖打过多少次仇人，又打过多少次粉丝？"私生饭这种扭曲的偏执心理究竟是怎么形成的呢？

　　首先，私生饭的过度幻想导致了他们持续"付出"情感。这类粉丝的大五人格特质中的神经质较强，对现实生活中的亲密关系的满意度较低，单方面的强烈情感"付出"更能满足他们对亲密关系的幻想，再加上性格中大多带有偏执因素，因而他们在对幻想和现实的边界认知上出现偏差。本来是自己单方面的情感关系幻想，但他们很难把握现实和虚幻的界限，将毫无关系的偶像也置入自己虚构的情感关系中。过度幻想是不断激发他们执拗"付出"的重要因素。这种情感"付出"很难得到偶像回应，即使偶像可以正常地给予回应，在他们看来也是远远不够的，例如，即使偶像和他的粉丝在粉丝见面会上见面合影，有粉丝也会觉得自己遭到了不平等对待，自己多年的付出没有获得任何回报。畸形的心理状态给很多私生饭带来心理困扰，长时间的自我封闭和情感疯狂输出使得这一群体或多或少产生了抑郁情绪。

　　问：是什么让你停止了私生饭行为？

答：我的焦虑症从 2017 年开始影响我的正常生活。8 个月前我的抑郁症发展到了最严重的时候，我就渐渐停止了跟进每一次行程新消息，渐渐地也不再和私生饭朋友们联系。我无法再勉强自己跟随他们忙碌的行程，我开始厌恶自己和未来。其实，我明明知道我跟每一次行程并不能带给我什么，但我就是难以控制。我欺骗自己与成员有着实际上根本不存在的关系。最终，当我意识到我变得非常暴戾，并且自己渐渐有一些非常难以启齿的想法后，我就停止了。那时候，我甚至还因为一些病态的原因试图报复组合成员。

——私生饭访谈

其次，私生饭在跟踪、偷拍的过程中极大地满足了自己的窥私欲。窥私欲是一种不正当但普遍存在的欲望。窥私之所以能够带来快感，不仅仅在于了解了他人的私密事，还在于自己成功窥私而别人毫无察觉或无计可施所带来的沾沾自喜。偶像作为公众人物很难像普通人一样通过斥责、报警等来处理跟踪、偷窥等行为，私生饭打着粉丝的旗号看着偶像对自己束手无策，他们内心的快感会越来越强烈。然而，一旦他们回归正常生活，不再有刺激的跟踪、偷窥行为来满足窥私欲，他们内心就会产生巨大落差，没有办法正常生活。为弥补这种心理落差，他们只能持续不断地跟踪、偷窥，满足窥私欲，获得短暂快感。随着快感的阈值逐渐提升，他们的行为也越发极端。最终，私生饭将完全失去正常生活的健康心理状态。窥私就像是毒品，上瘾便很难戒断，在窥私成功和持续窥私的作用下，"毒瘾"越来越大，最终毁掉一个健全的人。

> 追星应该认清现实，自知你和爱豆是两个不同世界的人，因为喜欢发光的他，所以现实中也努力去成为更好的自己，而不是彻底放弃自己的人生，疯狂病态地去染指原本就不属于你的那个世界。当你开始放弃自尊、自爱、自重，放弃了把自己当作人，不惜靠伤害他人找到使自己幸福的方法时，你就已经坠入了深渊。
>
> ——评论

最后，虚荣心也是促使他们成为私生饭的重要原因。很多粉丝在心智和情感上尚未成熟，很难有正确的三观判断，过早地接触核心追星族很容易被他人洗脑，"他们搞定了酒店、航班，还租好了车，我一下飞机就直接上车了，车上有对讲机和单反，起初我也觉得这样不太好，但她们反复告诉我这种事情非常常见"。长此以往，可以近距离接触偶像，私底下和他们有所交往，被认为是非常值得骄傲的事情，是可以向他人进行吹嘘的资本。在虚荣心作祟的情况下，很多人开始步私生饭的后尘，后续在窥私欲不断得以满足下越发沉沦。

理智边界是隐形的、因人而异的。理性客观地停留在边界内，有的人选择付出情感，有的人选择投入资金，但都能准确地把握现实和虚幻的界限，并不会产生失格后果。然而一旦踏出理智边界，心理落差和情感内耗将把人拖入无尽的深渊。关于理智边界，很难有客观的判断标准，但底线是个体的现实生活和公共利益。如果一个人追星追到迷失自我，封闭原有社交圈，正常生活完全脱轨，还对公共安全产生威胁，那自然是突破底线的恶劣行径。

第八章
心理机制和社群运营 [①]

前文对饭圈中的种种现象进行了描述性介绍，但对粉丝行为的心理机制和粉丝社群的运营逻辑的研究还不够深入，本章将从两个维度进行深入探究，一方面从社群理论入手分析粉丝社群的运营逻辑，另一方面从心理驱动入手分析种种粉丝行为的心理机制。

个体通常聚集在一个社群中共同进行信息的分享。关于社群的形成，学界主要有两大理论流派：以斐迪南·滕尼斯（F.Tonnies）为代表的流派认为，社区的形成依靠血缘和地缘关系；而以马克斯·韦伯（M.Weber）为代表的流派则认为，随着互联网技术的发展，社区更多地建立在人们的共同情感和兴趣爱好之上。首先提出虚拟社区／社群概念的是社会学家瑞格尔德（Rheingold，1993），即通过互联网连接起来的突破地域限制的人们彼此交流沟通、分享

---

① 北京大学新闻与传播学院 2015 级本科生曾辰、郑江浩对本章亦有贡献。

信息与知识，形成兴趣爱好相近和情感共鸣的特殊关系网络。虚拟社群则给社群增加了"虚拟"特征，虚拟代表者突破了地域限制并创新了组织形式。琼斯（Jones，1997）将"虚拟社群"系统化并提出"虚拟社区理论"："虚拟社群"因"虚拟社区"提供的空间基础而存在，以计算机为中介，通过网络媒介连接。进入 Web 2.0时代，虚拟社群概念逐渐演化为网络社群、在线社群。埃瑟·戴森（Esther Dyson）指出，在网络世界里，网络社群同样是人们生活、工作、娱乐的一个单位。

网络社群本质上是借助网络工具形成的人的集合。1985 年在旧金山附近成立的社群信息网站 WELL（Whole Earth' Lectronic Link），可以视作最早的网络社群之一，现在流行的网络论坛大多受到它的影响。最初的网络社群单纯地满足了人们社交沟通和信息传递的需求，然而现如今的网络社群已经像触须一样伸展到现代生活的每一个角落，满足人们全方位的需求。随着互联网和现代传播工具的普及，全世界都有网络社群的踪影。我国网络社群发展历史可以按照平台开发时间顺序分为如下几个阶段：

论坛时期：1996 年，网络论坛如雨后春笋般涌现，如北大清华的校园论坛、四通利方的"谈天说地"论坛等，网友在论坛通过发帖、评论，形成基于话题讨论的联盟。这个阶段的社群性质还不稳定，只具备社群的雏形特征。

即时通信时期：从 2000 年开始，QQ 群兴起，即时通信让人与人之间的联系更加方便及时，网络社群初成规模。

博客与微博时期：2005 年，搜狐博客、新浪博客相继问世，人们在博客上记录生活、分享照片等。后来，出现了比博客更加注重人际交流的微博，如新浪、网易、腾讯都纷纷开通微博。微博使用起来更加简捷，搭建网络社群的成本也大幅下降，网络社群的发展进入黄金阶段。

微信时期：2011 年微信的诞生改变了整个互联网格局，传播工具以智能手机为主，人与人之间的连接更加便捷。如今，微信已经成为连接网络社群的重要工具。

三十多年间，中国网络社群随着媒介技术的发展不断完善。博客、论坛、网站是最先产生网络社群的地方。人们在互联网上，由于相同的兴趣、话题或者其他共同点聚在一起，相互交流和讨论，形成了"社群"的氛围。人人网是以同学关系为纽带形成的网络社群。后来随着智能手机的普及，社交软件成为孵化网络社群的温床。人们通过 QQ、微信、微博等扩展了人脉，基于共同兴趣的网络社群多了起来。近几年，随着国家大力发展互联网经济，互联网渗透到各行各业，企业利用网络社群进行营销，形成"社群经济"。从网络社群平台来看，网站、博客、论坛、微博、微信等都是形成社群的工具，虽然从时间上来看，工具有产生的先后顺序，但这些工具并不是相互迭代的关系，而是多平台、多维度地丰富和扩展了网络社群的交流空间。以某明星的粉丝社群为例，粉丝基于对明星的喜爱自发形成网络社群，因为这个共同点，在微博、贴吧、QQ等都组建了自己的粉丝群；而且在其他音视频网站或者有该明星出现的任何一个网络空间，都有可能出现其粉丝，他们在该明星的微博下留言、评论，在贴吧上交流关于该明星的一切信息。

网络社群中的成员也有角色定位与功能的差异，布莱尔·诺内克（Blair Nonnecke）把社群成员分为两类：潜水者和活跃者。那些加入一个网络社群但是不发帖、不参与讨论、不与其他成员进行互动的人被称为潜水者（lurker）。相反，表现积极或是参与话题讨论的人被称为活跃者（people who post）。艾略特·福克曼（Elliot Volkman，2011）参照人们在社交网络的不同身份，把网络社群成员分为七个类别，分别是：（1）社群建造者，即最先组建社区的人，确定社群目标和意图；（2）社群管理者，监管社群，执行规则；（3）专业成员，因为贡献专业内容而被付费，保持社群活力；（4）免费成员，经常光顾社群，是社群中的多数人，对社群发展至关重要；（5）消极的潜水者，不对网站发展做贡献，但是利用和吸收网站内容；（6）积极的潜水者，利用网站内容，并且在社交网站和其他社群之间进行分享；（7）高级用户，推动新的讨论，向社群管理者提供反馈，有时甚至充当管理者的角色，只占很小的比例。

粉丝社群很大程度上是一种以相同兴趣爱好为基础的趣缘社群。粉丝的很多追星行为本质上与社群意识的培养和塑造有着千丝万缕的联系。同时，在社群成员的性质类别分布上，与诺内克所揭示的普通社群具有极大的相似性。粉丝群体的主观和客观行为很大程度上是社群意识的标志，下面的论述将把社群意识和粉丝行为相结合，着重分析粉丝追星行为背后的社群意义。

ISOOC 模型视角下的粉丝社群

ISOOC 模型简介

ISOOC 模型是武汉工程大学副教授、中国社群运营先行者秋叶在其著作《社群营销》中提出的一种用来分析商业社群营销的模型。ISOOC 代表社群的五个组成要素，分别是同好（interest）、结构（structure）、输出（output）、运营（operate）和复制（copy），简称"ISOOC"。粉丝聚集形态和社群所谓同好，就是对某种事物的共同认可或行为，这是第一个构成要素。社群是一个同类聚集之地，人们聚集在一起必然是基于某种共同的东西。这种东西可以是一款产品，如苹果手机、小米手机；可以是某种情感纽带，如老乡、校友；也可以是某一种标签，如星座、某明星的粉丝；当然也可以是某一种行为，如旅游、阅读等，不一而足。

社群的第二个构成要素是结构。社群的生存依赖科学有效的组织结构，秋叶将组织结构分为组成成员、交流平台、加入原则和管理规范四个部分。热情活跃的社群氛围需要建立在科学协调的组织结构基础上，若没有组织作为制度基础，因"同好"而产生的初始热情会很快消散。

就组成成员而言，由最初的成员发现、号召其同好抱团形成金字塔或者环形结构。最初的成员会对社群的未来产生巨大的影响。就交流平台而言，找到成员之后，需要有一个聚集地作为日常交流的大本营，根据社群不同的性质和需求可以选择不同的社交平台，常见的有 QQ、微信、微博等。就加入原则而言，有了元老成员，也搭建好了平台，慢慢会有更多的人慕名而来，这时候设立一定的筛选机制就变得格外重要，一来能保证质量，二来也能让加入者由于加入不易而格外珍惜。就管理规范而言，成员越多，则产生混乱的可能性就越大，因此必须设立管理员和持续完善社群的管理规范。

社群的第三个构成要素是输出，它决定了社群的价值。持续输出有价值的东西是考验社群生命力的重要指标之一。所有的社群在成立之初都会有一定的活跃度，但若不能持续地提供价值，那么社群的活跃度便会逐渐下降，社群最终会沦为"死群"或"广告群"。粉丝社群与商业社群在这个方面有着较为显著的差别，好的商业社群需要为成员提供稳定的服务，然而粉丝社群通常有自己特定的任务，如打榜、制作宣传物料等，这给社群的输出提供了先天条件。然而，社群内部的结构维系不仅仅依靠任务输出，还需要情感输出。情感输出是指通过真实生活的情感链条连接起同好的情感网络。通常而言，因同好相聚，因组织结构而趋于稳定，因情感输出而保持活跃。

社群的第四个构成要素是运营，它决定了社群的寿命。秋叶总结社群运营需要建立"四感"，即仪式感、参与感、组织感和归属感。无论是商业社群还是粉丝社群，这四感的建立都非常重要，能够让一个社群拥有秩序、质量、战斗力和凝聚力。

社群的第五个构成要素是复制，这决定了社群的规模。秋叶认为社群的核心是情感归宿和价值认同，社群越大，情感分裂的可能性就越大，似乎只有宗教此类价值观念完全一致的社群才能做到规模巨大且情感趋同。这一理论在粉丝社群中得到了印证，虽然以同好建立起来的粉丝社群具有相同的兴趣标签，但由于粉丝集合的个体差异性较强，所以在价值观念等认知维度缺少共性，在社群规模扩大之后内部极易出现争端。另外，由于粉丝所属组织不同，细分组织之间经常存在利益矛盾，争端由此出现。

下面将对 ISOOC 模型的五大要素展开总结式的分析。

同好分析

粉丝社群的同好自然是他们的偶像。"喜欢偶像"是社群得以存在的重要原因，但这种喜爱也分为多个类别。不同类型的偶像的培养模式具有差异性，"喜爱"也因此分为不同类别。例如，北京时代峰峻采用了日本杰尼斯的偶像培养模式，走偶像养成路线：经纪公司培养有艺术特长的乖巧邻家男孩，采用记录日常生活的方式记录他们的成长，粉丝陪伴小偶像经历中考、高考到最后出道，时间沉淀带来的养成感让这种喜爱历久弥新。近年来，在兴起的选秀节目中诞生了竞争生存类偶像概念，粉丝会在节目举办期间短期内透支情感疯狂地参与其中，在节目规则中粉丝是唯一决定偶像去留的因素，粉丝对这种参与感和陪伴感非常重视，节目的竞争氛围加速了粉丝的情感支出和经济支出。这种喜爱是短期内的密集输出，在竞争氛围消失后，这份喜爱很容易被耗尽。"同好"看似一致，而背后的情感向心力各异，有的是因陪伴成长而生发的成就感，有的是在竞争环境中生发的同情心及竞争意识，将自己代入紧张的竞争环境里，不甘人后的心理催发了深层次的奉献行为，付出则会强化对偶像的喜爱。

也许在外人眼中，他们的偶像是名不副实的，但是在他们眼里，偶像却是完美且在不断成长的。"偶像需要我们，是我们成就了偶像"是很多养成系偶像粉丝的心理。他们喜欢偶像的颜值，喜欢偶像的性格，喜欢偶像的努力，喜欢陪伴偶像成长的过程，但最核心的还是喜欢"偶像需要我们"的这种感觉，这也是养成系偶像有那么多"亲妈粉""姐姐粉"的原因。而在这些偶像"功成名就"之后，有很多粉丝"脱粉"（就是不再喜欢这个偶像，不再是他的粉丝）就是因为他们觉得偶像已经不再需要自己，转而去"帮扶"其他偶像。

　　小孩们现在已经这么火了，火无可火，提升空间有限啊，再加上代言什么的实在太多，买不过来，以前我可能还会买封面杂志，现在就不会买了，太多了……成就感有点不如以前，就会偶尔看看其他小偶像……

——焦点小组被访者

由此可见，"同好"并不稳定，也并不唯一。当同好背后的情感向心力减弱，同好的吸引力就会下降，自然地，社群互动就会减少。因喜欢不同的偶像而加入不同的社群这种情况很常见。在访谈中，笔者观察到，当粉丝个体意识到自己开始喜欢某个偶像，首先做的就是想办法加入相应的粉丝社群，这充分体现了同好的驱动力。在同好情感的高潮阶段，社群的活跃度较高，这种情感要比寻常社群中的更为猛烈。经过观察，在粉丝社群成立初期，一小时内群内讨论量达到"999+"很常见。然而当个体的同好情感转移时，社群的"同好"标签就会消失，群聊的活跃度就会大幅降低。与普通社群相比，同好的稳定性更弱、约束性更弱。

结构分析

社群的结构决定了社群的存活期限，科学合理的结构能够产生强大的社群向心力，让社群具有生生不息的活力。秋叶提出科学的组织结构包括四大元素，分别是组成成员、交流平台、加入原则、管理规范。

组成成员：粉丝社群有两种含义。一是 QQ 群、微信群等具有明显社交群聊特征的狭义社群；二是粉丝聚集的固定社区，如微博超话、腾讯 doki 等。在群聊类社群中，一位偶像的所有粉丝进入同一个群在技术上是不现实的，因此会根据同好进行细分，比如偏好给偶像做数据的就会进入数据群，偏好偶像周边产品的就会进入周边群，一个应援站的成员也会组建相应的群。这种社群成员之间拥有强关系，可以做到平等地交流。微信群代表私域流量内的交往。而在社区型社群中，成员之间为弱联系，成员之间的关系并不对等，交流声量往往由"微博关注量"决定，如官方后援会在公共论坛发布消息时，其转发、评论、点赞量明显高于普通粉丝的发言。以某位流量艺人的粉丝站子为例，站子的微博粉丝数达 30 余万，然而核心管理层不到 10 人，只需要一个执行力强的小组织，就能不断产生非常大的能量。不过，从一个侧面来看，粉丝站子所拥有的粉丝资源并没有被完全地开发，如果能将组织架构进一步扩张，也许能调动更多的资源，产生更大的商业价值。

交流平台：粉丝社群的交流平台主要是微博，并没有大型粉丝微信群。第三章介绍了粉丝在微博平台的媒介行为。成为粉丝后，首先会关注所喜欢的偶像的微博超话（超话是微博平台的分论坛），紧接着就会在论坛上寻找细分组织，通过 QQ 群或微信群的方式进一步交流，获得社群归属感。

加入原则：狭义的社群和广义的社区的准入原则不同。社区的加入门槛较低，主动权掌握在粉丝个体手中，遵循"找到交流平台—建立交流账号—积极参与"的程序即可。但这种加入只是浅层次的加入，如前文介绍的粉丝圈层阶级，这只是处于路人或舔屏党的阶段。在自觉遵守相应的粉丝规则之后，可以深层次向社群进发，这个时候的加入原则就会升级，例如进入细分组织之前都会审核微博内容、微博关注和微博数量（一般要求偶像相关微博数量超过 30 条，不得关注"对家"）。想继续进阶成为粉丝圈层的核心管理者，就会面对要求更高的加入原则，在资金投入和精力投入方面都会有更高要求。

管理规范：无论是公共论坛，还是群聊，都有着严格的管理规范。在超话发帖，需要严格遵守超话格式，在粉丝看来这样才符合超话积分规则，才可以增加偶像数据热度；内容上要遵守粉丝的一般追星准则，不踩一捧一，不站街（勿带粉籍评价其他艺人及其粉丝），不信瓜、不吃瓜，不扩散来源不明的物料，不在单人超话嗑 CP，不实施网络暴力，不过度沉迷，等等。此类管理规范在平台上都有明文规定，被视作最低的准入门槛。在群聊中，管理规范虽并不成文，但往往心知肚明、约定俗成。群内的讨论是更具私密性的，因此管理规范并不严苛，但不截图、不传播是群聊的重要准则。

输出分析

秋叶认为，输出决定了社群的价值，持续输出有价值的东西是考验社群生命力的重要指标之一。这一理论在粉丝社群中表现得尤为突出。如果粉丝社群不能持续地提供价值，那么这个社群的活跃度就会逐渐下降。偶像的成熟粉丝圈的产出不仅有媒体内容（追星前线照片、视频和同人文等）和情报（偶像的相关信息等），还有任务。粉丝们并不是被动地获取，而是接受任务之后积极完成，从而收获成就感，这些任务包括日常应援物料的准备、为偶像刷数据、控评、反黑、输出战斗力等。社群输出这些任务并由粉丝完成，粉丝更能感受到集体的力量，从而增强这个社群的凝聚力。注意，在任务输出的基础上还要进行情感输出。即使是纯粹以输出任务为目的而成立的社群，往往也会标配一个"闲聊群"；在完成任务后，大家会在闲聊群内畅所欲言。在社群意识的作用下，分享情感成为社群的必备要素。分享情感指的是成员之间会分享不同的故事，在互动中社群成员相互了解，最终推动社群的发展。同样，健康发展的社群也对分享情感这一要素有要求。粉丝社群的发展和情感的分享有着必然的联系。粉丝之间的信任、社群之间的合作，都是建立在不同程度的情感分享之上的。

线下我们就拼房住，有的时候我们 11 个人住一间，晚上搞完活动就在房间聊天。还挺开心的。

——被访者

粉丝社群运营者只有清晰地了解输出情感的必要性，只有连接情感，才能真正地创建关系，社群的输出才会持久稳定。

运营分析

运营决定了社群的寿命。让成员具备仪式感、参与感、组织感和归属感则是社群运营的目标，它们能够让一个社群拥有秩序、质量、战斗力和凝聚力。下面，我们来分析一下粉丝社群是如何让粉丝具备这"四感"的。

仪式感：粉丝们建立一套属于某个明星的应援体系，包括统一的应援色、粉丝名称和应援口号。在饭圈，粉丝社群会避免应援色撞色、粉丝名称撞名、口号雷同，从而营造独一无二的仪式感。粉丝还会给偶像取固定爱称，偶像也会给粉丝取昵称，如果有粉丝社群采用了这个昵称，其他粉丝社群就会有意避开它。此外，在微博上发帖的严格格式要求、前文所说的饭圈规则、粉丝组织准入要求本质上都是营造仪式感的保障，在此就不再赘述了。

参与感：维护偶像的形象需要粉丝们时刻对网络舆情进行监控并及时做出反应，与此同时，不同粉丝站子会发布相应的任务交由粉丝完成。除此之外，很多粉丝都会自发地结成小组为偶像做事，表达他们的喜爱之情。在饭圈，总可以找到要做的事情，擅长设计可以负责视觉产出，有空闲时间可以为偶像做数据，经济实力强大可以购买偶像代言的产品，等等。参与感在粉丝社群中是得到稳定保障的。

组织感：在偶像参加选秀节目或重要活动时，粉丝尤其注重组织感。很多粉丝偏爱纪律严明和分工高效的氛围，在这种特殊节点，如果粉丝社群可以做到组织力强，粉丝的组织感会大大提升。然而，虽然粉丝们是有组织的，但在日常中组织对一般粉丝的约束力并不是很强，因此可能位于不同圈层的粉丝所感受到的组织感是不一样的。

归属感：归属感是粉丝社群最能提供、也最容易营造的一种感觉，因为粉丝社群内部派系分明，同时各个派系之间常常会爆发激烈的争端，这些在外人眼中毫无意义的口水仗对粉丝归属感的培育功不可没，持续不断的骂战会强化粉丝的群体认同，让他们产生"我是属于这个集体的，我要为这个集体做事，维护这个集体的利益"的想法。除了此类依靠外部刺激提升归属感的方法，在粉丝社群内部，彼此也会用亲人、姐妹等互相称呼。另外，在运营稳定的群聊类社群内，粉丝会彼此分享日常生活中的烦恼和快乐，从而不断强化对社群的归属感。

复制分析

复制决定了社群的规模。秋叶认为，社群的核心是情感归宿和价值认同，社群越大，情感分裂的可能性就越大，只有宗教才能同时做到规模巨大和情感趋同。这一理论在粉丝社群中得到了印证。粉丝社群的同好为偶像，但这并不代表粉丝个体能做到完全的情感趋同和价值趋同。经过观察，粉丝社群除了有对外争端，还存在着内部乱斗。自治组织站子与官方后援会之间积怨已久、粉丝大大之间互相攻击、散粉站队等现象层出不穷。深究原因，是粉丝个体之间的认知差异巨大。追星成为当代年轻人的潮流，这一潮流跨越了学历、年龄、阅历、地域，而追星这一过程不只是输出和偶像相关的内容，还需要输出和社会价值相关的内容，这就在粉丝个体之间形成了天然障碍。内部乱斗不可避免，这也带来了社群的价值差异复制障碍。

粉丝社群的复制在人数上也不是无限进行的。近年来，粉丝之间的戏言"全网秀粉300人"广为流传，意思是有部分粉丝会频繁更换支持的偶像。这从侧面体现了很多偶像的粉丝增长速度正在逐步下降，甚至可能出现实际粉丝数量下滑的倾向。细究起来，这主要是由核心人物数量有限造成的。事实上，大部分都是散粉，真正狂热的、能够不断生产内容和提供情报的粉丝大大的数量是没有太大波动的，而且这些粉丝大大也会在偶像之间迁徙。在焦点小组的访谈中，就有资深粉丝谈到了这一点：

> 我当时搞不下去××，因为只有我一个人，全网没有十个人是××的粉丝。经常会追了上一个圈又追下一个圈，有时还会在新的圈子里碰到之前同样追不下去的人。
>
> ——焦点小组被访者

> 全网估计只有300人追星，哈哈哈。
>
> ——焦点小组被访者

由此可见，虽然粉丝的总量看起来很大，但其实真正有经验的、懂得运营的核心粉丝是有限的，而一个核心粉丝的吸粉能力也是有限的，自然就限制了粉丝社群的扩张。按照这个思路分析下去，随着粉丝大大们逐渐厌倦，并转去追其他的偶像，单个粉丝社群的发展可能并不乐观。但总体来说，随着互联网生态的逐渐完善，追星成为年轻人的潮流，参与追星的人数在逐渐增多。

会员关系分析

社群意识的塑造需要明确的会员关系，即社群内部成员和非成员有着明显区别。提升会员关系可以从边界、情感、投入、归属感、象征等方面入手。粉丝社群虽然没有明确的社群组织者、建构者，却在会员关系的培养方面有丰富的实践经验。粉丝社群，正如前文的论述，很多情况下是自发且自愿形成的，这种情况下社群意识的塑造反而成为粉丝社群的潜规则，并成为约束社群成员的行为准则，是他们做出多种行为的重要原因。

会员关系的塑造需要规划清晰的边界。边界是区分成员与非成员的重要标尺。象征（譬如语言、穿着、仪式）可作为成员或非成员的辨识方法。当社群的边界更明显时，非社群成员会较不受到尊重并且容易受到指责及处罚。在粉丝社群中，尤其是站子内部，这种会员关系的边界明显。站子内部成员是粉丝社群中的会员成员，他们相对普通散粉有着更多的付出，而且有着更高的粉丝社会地位。在微博平台上，他们有着自己的站子微博，经常会在站子微博下留言互动。在散粉视角下，成员之间有着坚不可摧的语言体系，边界更清晰。以流量偶像的个站为例，站子内部成员会在周年现场或生日会现场穿着统一的应援服，服装上的统一使得大多数人可以清楚地区别出内部成员和非成员。

会员关系的塑造需要情感关系上的安全性保证。当边界确立后，成员知觉在社群中的活动与互动是安全的，进而提高个人参与度。由于社群之间极易产生争端，情感安全的保障尤为重要。在各个站子中比较常见的群规是"群内聊天严禁截图"。站子内部成员所形成的粉丝社群有着严密的安全规定，在这种情况下，很多由外传截图引起的争端会被视作背叛行为，由此引发的粉丝争端会形成两种不同的阵营。另外，在单个站子中还会出现层级分化，在站子内部会根据日常参与度、个人贡献度形成核心管理层，核心人物往往有自己的微信群或 QQ 群。在范围更小、人物更少、情感安全度更高的社群环境中，核心人物会有更为积极的个人参与。

> 在有些不太熟的微信群或者微博群，我是不怎么讲话的，说错话会被截图挂出来，其他人就使劲骂你……我们在自己人的群里会聊得比较开，大家都认识，几乎不会截图，比较安全。
>
> ——焦点小组被访者

会员关系的塑造需要个人投入的加强。成员在金钱及劳动力上的贡献会促进会员关系，增强社群意识。在社群意识的塑造过程中往往呈现出一种趋势，即成员对社群的奉献越多就会越融入社群。在粉丝社群中，这很巧妙地解释了很多追星时间较长的粉丝的心态。在粉丝社群中很多粉丝有着两年及以上的追星经历，在长期的追星实践中，很多人对这一行为的喜爱程度逐渐增强，且和他们的奉献度成正比。

> 我追了大概 4 年，肯定要继续走下去的，这么久了，不可能说放弃就放弃，不管他是否还需要我，我一想我周围这群朋友也不会不追的，肯定会继续走下去的。
>
> ——焦点小组被访者

另外，一种在粉丝社群中常见的现象——骂战，也正是由于社群意识的作用。社群意识中会员关系的塑造需要共有的象征标识，如统一的社群名字、logo、语言、穿着以及仪式等，这些象征可促进成员团结。在追星文化中，粉丝之间大大小小的混战往往是由不同的社群矛盾造成的。粉丝所处社群不同，对共有的象征标识有着强烈的认同感和归属感。在多次发生的混战中，粉丝的身份认同感会逐渐加深，对所属圈层会有更强烈的归属感。这也是粉丝社群具有一荣俱荣、一损俱损的标签化特点的原因。

> 一开始追星的时候，肯定会参与骂战的，当时看到那些大

大小小的骂战，我真的都要被气死了，就开始跟着一起骂，越骂越融入，反正我是这样。

——焦点小组被访者

影响力分析

影响力指的是权力关系。影响力由两个作用力组成，一个是拉力，一个是推力。拉力是指个人为了获得权力而主动加入社群；推力则是为了实现社群的团结，通过权力的运作迫使成员顺从。

粉丝社群的良性运作和影响力有着密切关系。粉丝组织发布精美饭拍图片或制作精美饭制视频的目的就是创造社群拉力，通过精致的视觉冲击吸引更多非成员的注意力，从而使得粉丝社群不断扩充。另外，专属偶像组合成员每年的生日应援也有同样的目的。粉丝在特殊节点类似疯狂的行为会引发社会热议，同时，应援活动中的广告投放或多或少会引发非成员的关注，进而使其对宣传的偶像感兴趣。

在推力角度，社群内部有自己固定的运作方式。在粉丝社群中，运作方式包括"虐粉"和"固粉"。在粉丝圈层中，粉丝之间的斗争并不完全是偶发的，出乎意料的是，很多争论由部分成员策划而成。策划争端的主要目的是通过权力的运作促使成员更加顺从。在语言暴力的争端中，底层粉丝会加强对社群的认同感，在推力的作用下更加服从社群核心人物的安排。例如，在易烊千玺粉丝社群中存在着"@千家无名氏""@千守"等意见领袖，对他们的服从和权力顺从正是在这些争端中逐渐增强的。

> 不是所有骂战都是偶然的，有的是精心策划的，虐粉、固粉手段比较常见。就像××家，他家粉丝就特别会卖惨，就导致很多人都特别听组织的话。
>
> ——焦点小组被访者

整合与满足需求

在社群概念中，需求并不是指代必需品，而是指当人们衣食无忧后所产生的其他需求，其中包括个人的价值判断。整合与满足需求的意思是说，社群中的人认识到自己与其他社群成员相互依赖，进而会顺从他人的期望。麦克米伦（McMillan, 1996）在之后的研究中又补充说明了这个概念：社群成员通过互动寻找相似性，已经形成社群的一种动态过程，这也可以形容为一种社会交换。

在探究粉丝社群对偶像日复一日、年复一年的喜爱的过程中，可以发现这种感情背后的驱动力往往是对精神满足的深度需求。在参与式观察中可以发现，社群成员的生活水平普遍较高，有着稳定的经济收入，而且以大龄单身女性为代表，人们对个人情感的寄托有着独特的追求。追星于这部分群体而言是个人价值的体现和升华。

> 身边的男生都不靠谱，喜欢××之后，看他们都觉得又丑又没品位。
>
> ——焦点小组被访者

另外，得到整合与满足需求理论的印证，粉丝社群的稳定正是由于成员之间的相互依赖和相互支撑。这种动态情感交织使得人们对社群的依赖逐渐上升。在参与式观察中可以发现，在粉丝社群中甚至存在着对某位偶像失去感情但依然在社群中积极活跃的案例。这一类粉丝在社群中获取的精神满足远胜于偶像带给他们的感官刺激，因此对粉丝社群的建设依旧保持着高昂的热情。

完美人设和幻想中的亲密关系

在我国，偶像、歌手、演员并没有明确的界限，在普通大众看来这些在荧幕上光鲜亮丽的人物可以统称为明星。偶像概念的引入受到日韩流行文化工业体系影响。在日韩流行文化工业体系中，偶像是一份独立的职业，偶像是贩卖梦想的工作，偶像可能在表演上没有突出天分，但可以凭借后期努力弥补先天不足。偶像为何被称为贩卖梦想的工作？这是因为大部分人都渴望万众瞩目的感觉，然而这种梦想很难实现，偶像就成了代表者。其实，在很长的一段时间内，明星一直在扮演着"大众情人"的角色，但这种扮演往往是被动的。在大多数情况下，明星的首要任务仍然是提升自己的专业技能，当专业技能达到一定水准后，明星很自然地就会成为"大众情人"。偶像的特殊之处就在于他们选择主动承担"大众情人"的身份，他们的职业就是按照粉丝的意愿和偏好来演绎"大众情人"的角色。

也正因如此，在偶像与粉丝的互动中往往存在着一套非常完整的"粉丝福利体系"，比如偶像会主动向粉丝表白、比心、挥手、日韩等国偶像会召开握手会、签售会等，给粉丝近距离接触偶像的机会，不仅可以对话，还可以实现肢体接触（仅限于握手）。这套福利体系的存在使得粉丝和偶像之间有机会建立起非常亲密的关系（虽然在大多数情况下，粉丝和偶像之间的物理距离并没有缩短），比如偶像会和女艺人保持距离，尽量向"女友粉"的亲密关系幻想靠拢，满足她们幻想正在和偶像恋爱的感觉；偶像也会按照粉丝的期许全面进步，满足"事业粉"的成功幻想，他们会认为成功就是"我"的成功；偶像还会展现自己的成长和突破，满足"亲妈粉"的养成幻想。总而言之，粉丝最在乎的并不是偶像的专业技能，而是能否和偶像建立起长期稳定的、带有幻想性质的亲密关系。这种对亲密关系的幻想可以分为角色幻想、性别幻想、关系幻想，各幻想之间的差别直接体现为情感的差异。例如，对于一名"事业粉"来说，自家偶像考上了某名校在某种程度上就好像是自己考上了该名校一样，会让粉丝产生很强烈的自我满足感；而对于"亲妈粉"来说，同样的一件事情，产生的则会是一种自家孩子考上名校的骄傲之情；对于"女友粉"来说，产生的则是对"男友"或是"老公"的崇拜之情。由此也可以看出，粉丝所幻想的亲密关系往往是因人而异的，在每一位粉丝眼中偶像呈现出的是一番不同的面貌。但是，不同的粉丝之间也有着一定的共同点，例如偶像组合TFBOYS，粉丝们非常容易对他们的成长产生认同感，形成养成感。

万物互联使得对亲密关系的幻想变得轻而易举。物理上的距离不再是分隔粉丝和偶像的障碍。在微博等社交媒体出现后，偶像和粉丝之间有了直接互动的渠道，偶像会主动分享生活，粉丝也会采用私信、评论等方式和偶像对话，原本私密的偶像之间的交流也会在公共社交平台进行。这给粉丝的亲密关系幻想提供了丰富的素材，既可以对自己和偶像之间的亲密关系进行角色幻想（"女友粉"角度），又可以对偶像之间的亲密关系进行关系幻想（CP粉或团粉）。那微博此类社交媒体是如何拉近偶像和粉丝之间的距离的呢？按照欧文·戈夫曼（Erving Goffman）的拟剧理论，微博本质上给偶像创造了一个中台空间，这个地带促成了传统的后区和前区行为分界线的移动，给偶像表演提供了施展空间。中台空间是一个灰色地带，在这一空间的呈现既具有公共性又具有表演型私密性。在粉丝看来，偶像呈现了私密生活，然而，这只是偶像及其经纪公司精心设计的中台表现。偶像往往会在中台展示带有萌点、接地气的人设，如电竞男孩、二次元、小迷糊、邻家女孩等，这些"扮演型"人物设定拉近了偶像和粉丝之间的心理距离。同现实生活中的所有亲密关系一样，粉丝喜欢一名偶像，首先要了解这名偶像"是个什么样的人"，这就是为什么偶像会需要人设。人设就像是偶像戴着的有象征性作用的面具，对于偶像而言，面具所展现的并不是他本人真实的样子。在很多时候，为了扮演一名优秀的偶像，偶像本人会失去做自己的权利。一方面，人设会帮助偶像在粉丝的心中塑造某种特定类型的形象；另一方面，粉丝在审视偶像的时候也会打开"粉丝滤镜"，他们会选择性地关注偶像的言行并按照自己的意愿进行解读。

但是，粉丝和偶像之间的亲密关系与现实生活的亲密关系并不是完全相同的。在某种程度上，粉丝和偶像之间的亲密关系更自由、稳定和安全。对于偶像而言，扮演好自己的角色是一种工作。在没有特殊事件发生的情况下，偶像并不会抛弃自己的人设，相反，他甚至会根据粉丝喜好的变化去逐步修改自己的人设。换言之，"女友粉"失恋的可能性应该会远远小于处在现实恋爱关系中的女性。因此，做一名完美偶像的标准和要求甚高，例如不能恋爱、谨言慎行、发挥正确的价值引领作用。近年来，对偶像失格的讨论越来越多，但一个突出现象是我国对偶像的宽容度要远高于日韩两国。日韩成熟的流行文化工业体系有着极为完善的生产偶像的流程体系，偶像成为一种可批量复制、可流水化生产的商品，这就注定了日韩偶像的淘汰率极高、容错率极低，偶像自然会严格遵从职业操守，例如在上升期恋爱，日本女偶像甚至会剃光头谢罪，以表示对粉丝的歉疚。然而在国内，失格的偶像依然会获得部分粉丝的谅解；在完美人设和亲密关系幻想的作用下，部分粉丝会主动帮助偶像开脱。以偶像恋爱为例，这在粉圈中被称为"塌房"，部分塌房粉丝还会在通稿下给偶像澄清恋爱传闻。诚然，这部分粉丝多有年轻、幼稚、偏执等特点，很容易受到粉丝圈层意见领袖的"洗脑"，对偶像的喜爱更是出于一种对虚拟社群的归属感。然而对于大部分粉丝来说，要不要去喜欢一名偶像，要不要继续喜欢这名偶像，这些问题的选择权都完全掌握在自己手中，他们随时都有叫停的权利。现实中的亲密关系往往涉及双方之间的大量妥协和互动，但是在粉丝与偶像之间的亲密关系中，粉丝掌握着全部的主动权且享有几乎完全的自由。

自我价值的实现

除了完美人设带来的亲密关系幻想，迷恋偶像还会带来自我价值实现的快感。陪伴偶像一路成长，最终偶像事业有成，这会给粉丝带来一种梦想成真的陪伴感和实现自我价值的强烈成就感。偶像对于粉丝来说不只是心灵的寄托，"养成"一名偶像的过程对于粉丝而言也是自我价值实现的过程。在粉丝看来，自我价值的实现主要体现在三个方面：一是偶像形象的塑造，二是粉丝扮演了拯救者的角色，三是粉丝对圈层的价值贡献。

第一，粉丝的偏好间接塑造了偶像的形象。在互联网出现之前，明星意味着距离感，粉丝是群体化的、隐藏性的，其背后隐含着明星和粉丝之间权力的不对等。而互联网去中心化、碎片化、互动性的特征消解了明星和粉丝之间的权力等级，粉丝开始拥有更多与明星平视的机会。近年来，在网络上出现了一种新的现象：当明星陷入形象危机的时候，粉丝们往往是最早为偶像辩护的人，他们会在网上不遗余力地支持自己的偶像，四处找寻证据为偶像辩护，这种行为有组织、有纪律、成体系。在面临公关危机时，明星的经纪公司还会和核心粉丝商议公关策略。当偶像近期有活动和作品时，粉丝会自发组成宣传团队，经纪公司和粉丝之间是合作关系，双方事先商议词条，后在粉丝宣传和公司运营的合力下将其送上热搜。由此可见，粉丝在网络中的话语权正在逐步提高，他们不单是一个有规模、有组织、有行动力的群体，还具有宣发和澄清谣言的重要作用，粉丝运营也成为娱乐公司重要的工作职能。粉丝话语权的提高意味着粉丝的意见正在变得越来越重要。因此，为了让粉丝持续地为偶像"买单"，偶像的人设就不可能是一成不变的。在与偶像的互动和交流中，粉丝根据自己的兴趣和取向对偶像的人设不断地进行修改、挪移和选择。定期自拍和新鲜的vlog是偶像维持新鲜度和塑造新人设的重要手段，是偶像企图在满足粉丝需求的基础上吸引新粉。

第二，粉丝认为自己扮演了拯救者的角色。在现实中，粉丝的意见往往对经纪公司有着不小的影响力。粉丝会在资源对接、服装造型、宣传运营方面给出各种建议。论坛上经常可以看到粉丝给偶像设计妆发的各式帖子，粉丝对专业造型师的抨击也见怪不怪，甚至粉丝还会造势引导偶像放弃不合心意的影视资源或综艺资源。美国心理学家斯蒂芬·卡普曼（Stephen Karpman）提出"戏剧三角形"理论，如图8-1所示，三角形的三个顶点分别是拯救者、受害者和迫害者。

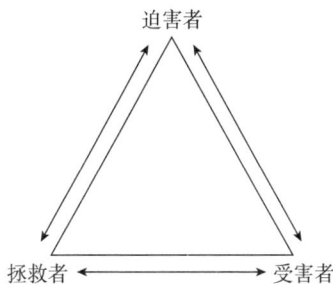

图8-1 卡普曼戏剧三角形示意

粉丝认为，自己长期扮演拯救者的角色，而偶像作为受害者长期被经纪公司迫害。在饭圈中有一种非常有趣的现象：粉丝们普遍认为经纪公司对自家的偶像不好，存在宣发消极怠工、妆发不过关、不会拉资源等不负责任的行为，如果经纪公司名下同时具有多名艺人，那粉丝就会滋生攀比心理，认为经纪公司存在资源分配不公、用 A 的资源喂养全公司（吸血）等恶劣行为。点开艺人工作室的官方微博，下方评论几乎都是粉丝的各种意见，包括妆发、造型、摄影角度、经纪资源等。"维权"成为粉丝常见的诉求，但维权对象却是和偶像利益共生的经纪公司。这一奇怪的现象不禁让人生疑，经纪公司真的会经常虐待艺人吗？艺人的团队一般包括经纪人、宣发负责人、助理、化妆师、造型设计师等，可以发现这是一个以艺人为核心的服务型团队，而艺人作为团队中的灵魂人物自然拥有较高话语权。这种话语权会随着艺人的咖位提升而逐渐提升，也就是说，越是当红的艺人，在经纪公司就越有议价能力，偶像更是公司打造的品牌，与公司利益共生，因此被公司欺压几乎是不可能的事情。

　　既然要说，那就索性都说了吧！××××年某个节目上唯独自家偶像没有生日企划；××××年第一次生日会选址在郊区的一所学校礼堂，其他两位，一个在××艺术馆，一个在××剧院；顺便来品品剧组送的蛋糕；××××年十八岁成人礼依旧是非专业场地、收音差、无空调的××宴会厅，其他人在××体育馆。你们对他做的每一桩每一件我们不会忘！

　　　　　　　　　　　　　　　　　　　　——公共论坛

此类喊话层出不穷，对经纪公司及工作室的控诉并不是孤例。吊诡的是，如果一个组合内有五名成员，那这五名成员的粉丝都会纷纷控诉经纪公司虐待自家偶像。这种情况并不仅仅出现在一位组合成员粉丝身上，其他组合成员的粉丝也经常会有这样的想法。以下内容分别来自同一组合内其他成员粉丝的发言。

　　××（经纪公司），今天我们把话撂这了，演唱会结束，自家偶像如受半点伤害，别怪我们不客气。一直以来站 C 位这种事在你们心里是绝对不会轮到我们偶像的，所以就是 ××，然而今年得知有激光笔一事之后，让我们偶像站 C 位，反正不管你们是何居心，进了那道门，签了那份合同，就请负责，我们管不了那么多，到时候别怪我们不客气，当我们是吃素的吗？！如果这件事发生了，你们最好给我们一个解释，如果没有发生，我会发博道歉，谢谢，我们够仁义的了！你们到时候真去伤害他的话，自己好自为之，谢谢！

　　　　　　　　　　　　　　　　　　　　——公共论坛

　　每一次需要由公司经手的宣传，自家偶像的位置总是最低的，×× 啊，不得不说你们打压的手段太卑劣了一点。现在的我希望自家偶像赶紧离开你们公司！让他不要再受到你们自私的束缚！让他自由地发展！你们以为你们的打压可以让自家偶像、让我们屈服吗？不，你们错了，是金子在哪都能发光。自家偶像值得拥有的，自然有人会给他，你们不给是因为你们给不起！你们不配有自家偶像那么优秀的人！××（经纪公司）我告诉你们，我们已经跟你们杠上了，不道歉决不罢休！而且还要把十几个小时的流量通过其他途径给我家偶像补回来！明里都这样打压、这样欺负自家偶像，暗地里不知道让他流了多少泪、受了多少委屈……粉丝们，你们忍心看见偶像这样吗……我越说越难过了……××（经纪公司）你记着，有我们保护自家偶像，总有一天你们将会被踏平！

——公共论坛

此类发言以喊话、放狠话、控诉为主，满是身为粉丝的委屈和对经纪公司的憎恶。经纪公司真的会蓄意打压某位艺人吗？经纪公司真的会特别偏袒其他艺人吗？从旁观者的角度来看，这种情况并不存在，或者说并不明显。但是，为什么几乎每一个粉丝社群都会有自家偶像被打压、被欺侮的感觉呢？我们可以用"戏剧三角形"理论来进一步分析。粉丝、偶像和经纪公司分别扮演了这个三角形中的三种角色：偶像组合的粉丝在网络空间中扮演了拯救者的角色，自己喜欢的偶像是他们想象中的受害者，而组合所处的经纪公司就是想象中的迫害者。养成系偶像在起步阶段并没有过多的粉饰和包装，早期的活动场所也多是公司，视频内容将简陋的生活环境直接展现给粉丝看，如此接地气会让粉丝心生怜惜之情，在此基础上更加支持自家偶像。而生存竞争类选秀节目则将最严酷的淘汰一面展现给粉丝，激发粉丝强烈的保护欲；脱离节目后，粉丝的保护欲并没有消退，他们会攻击一切他们自认为的伤害偶像的行为。

无论是养成系偶像还是通过选秀节目走出的偶像，都会在粉丝面前展现自己的脆弱与无助，这在无形中加固了粉丝拯救者的角色定位，粉丝成为偶像唯一的依靠，粉丝的力量被无限神化。偶像的脆弱与无助在粉丝的心中形成思维定式：偶像是需要粉丝来守护的，而经纪公司只是将自己的偶像看作赚钱的工具；粉丝对偶像好是因为爱，而经纪公司对偶像好只是为了钱。在以前，粉丝常常被看作明星的追随者。而在养成系偶像的粉丝看来，自己在现实世界中追随着偶像的脚步，在精神上更是一名名副其实的"守护者"。在粉丝看来，外界对偶像的伤害是多种多样的，这种伤害可能来自经纪公司、普通大众、媒体，也可能来自立场和自己不同的其他粉丝社群。

在拯救偶像的过程中，粉丝觉得自己实现了自我价值，一方面保护了"处于劣势"的偶像，另一方面敢于站出来同非正义势力做斗争并表达合理诉求。这种实现自我价值的成就感由正义感和使命感组成。

第三，自我价值的实现体现在粉丝对圈层的价值贡献。粉丝社群的建设、粉丝圈层的各色组织、粉丝的内容输出都需要粉丝作为主要生产者，需要粉丝用心深耕。粉丝个体在圈层中的贡献可以直接转化为自我价值的实现。参与式观察研究发现，粉丝会为自己在圈子中的贡献感到骄傲，部分粉丝在自我介绍的时候就会直言自己属于某组织、自己参与过某次应援。在日常生活中的不如意使得现实生活中实现自我价值的成就感大打折扣，而对粉丝圈层的价值贡献带来的成就感则使粉丝感到骄傲。

值得注意的是，以年轻女性为主体的粉丝群体改变了凝视关系。以往，女性常常处于被凝视的位置，幻想明星爱上自己。当下，更多的女性保持着主动付出、积极欣赏美好面孔而凝视男性的心态。对于很多女性粉丝来说，那种希望明星有一天可以爱上自己的玛丽苏式幻想已经成为过去。在热爱一名偶像的过程中更重要的是自己主动付出，是粉丝作为一个群体去关怀偶像，为偶像正名。粉丝的付出换来了偶像更为光明的未来，对于粉丝来说几乎没有比这更有成就感的事情了。女性粉丝的这种转变在某种程度上可以视作女性自我赋权的一种，也可以说是当代女性自我意识觉醒的一种标志。

> 有那种在国外工作，四十多岁，很有钱，可以当妈的，把××当儿子……就像养儿子那样，她们儿子就和××差不多大。
>
> ——焦点小组被访者

随着自家偶像组合国民度的不断提高，有大量的组合粉丝开始选择入"新坑"，比如其他偶像养成选秀节目，这其中有一部分原因就是粉丝觉得当红偶像组合无论是团体还是成员都已经实现了养成价值——由此产生了一种"即使没有我，他们也会发展得很好"的心态。粉丝既然不能在已经成熟规范的圈层证明自己存在的价值，自然就会选择开垦新的荒地以追求自身价值的延续。

"过渡性领域"的自我满足

科奈尔·桑德沃斯（Cornel Sandvoss, 2005）认为公众人物是社会真实距离外遥远的个体，人们永远无法知道名人、明星真实的一面，他们在媒体上呈现的一面是吸引粉丝的关键。虽然偶像的形象和人设在类型上是多种多样的，但是媒体和经纪公司所构建的偶像形象在很大程度上都是粉丝理性自我的一种镜像投射。不同的镜像投射会吸引不同的粉丝社群。

> 我当时确实心态不太好，我高中时学习挺一般的，追了他们之后就觉得应该努力考个大学。
>
> ——焦点小组被访者

受访者小然从高中开始喜欢某个偶像组合，组合成员在承担繁重的演艺工作的同时还专注于学业，而且中考、高考成绩都很不错，她由此看到了努力的必要性。起初成绩非常一般的小然最后考入了一所很好的大学，还成为一名摄影大神。在对偶像形象进行凝视的过程中，粉丝所看到的很大程度上是理想中的自我。一方面，偶像的进步能够带给粉丝养成的陪伴感；另一方面，偶像的不断努力也会影响粉丝自己的生活态度。粉丝会将自我的经历和偶像的经历联系在一起，创造专属于自己和偶像之间的共鸣。从某种程度来说，粉丝对偶像的迷恋其实是一种对想象中的、理想中的"我"的迷恋。

英国精神分析学家唐纳德·W. 温尼科特（Donald W. Winni-cott）提出了"过渡性客体"的概念。温尼科特认为，内部的自我与外部世界之间有着一个经验的中间区域，并且"内在现实和外部生活都促成了这个区域的形成"。基于对儿童日常行为的观察，在"过渡性客体"的基础上，哈灵顿和比尔比在 1995 年提出了"过渡性领域"（transitional realm）的概念，指的是自我和客体之间在一个中间领域的情感纽带。在自我与外部通过"过渡性客体"进行互动的过程中，人们会逐步认识到"过渡性领域"是一个安全的地带，虽然这个地带并不是完全的现实，却能够为自身提供稳定的安全感，甚至有的时候会成为应对焦虑的策略。

偶像就是这样的一个"过渡性客体"。一方面，在自我和外部的沟通中以偶像为缓冲领域。在粉丝社群内社交的过程中，偶像是一个安全的过渡性领域话题，能够提供稳定充足的安全感。另一方面，在粉丝进行亲密关系幻想的过程中，内在现实与外部生活形成稳定连接。粉丝定向解读偶像的人设与行为，再融合自身幻想，创建了彼此各异的过渡性领域。偶像是粉丝在现实生活的一种精神补充，从这个意义来理解，偶像就好比人们小时候用以获得安全感的玩具熊。玩具熊是现实世界提供的，可能很多孩子拥有外形相似的玩具熊，但是每一个玩具熊所起到的作用、被赋予的意义是不同的——有的充当了孩子的玩伴，有的则给孩子以安全感。

偶像最大的魅力在于粉丝各自赋予偶像的意义。参与式观察研究发现，粉丝喜欢上偶像的原因各异，有人是被偶像的外形所吸引，有人是被饭圈氛围所吸引，有人是被短期内密集的宣传物料所吸引。随着了解的深入，粉丝对偶像的认同越来越多地体现在喜欢偶像的性格、人设、人品上。粉丝真正理解偶像，形成独一无二的解读方式，才会赋予偶像意义。在某偶像组合走红的初期，网络上流传着一个说法：有一次，某位组合成员在听到学校放自己唱的歌时，顺口说了一句"莫放老子的歌"。就是这么一句乍一听有些接地气的话，却为该组合成员在网络上圈了一众粉丝，有的觉得一时失语显得这个男孩具有真性情，有的则觉得他耿直可爱。不过，不论粉丝们怎样解读这句话，这件事情本身就足以体现人们自我创造意义的巨大能量——话语本身的性质并不重要，重要的是粉丝怎样去看待这句话。

综上，使用病理分析的方式来阐释粉丝的心理动因显然并不合适，反倒是人类的情感欲望和身份认同诉求为我们提供了一个透视粉丝心理动因的适宜视角。

可以从三个层面透视粉丝心理动因。首先，在"力比多"（性力）作用下粉丝对偶像性魅力的欲望和幻想。文化工业的着力宣扬和大众媒体的过分展示，客观上刺激了粉丝对偶像性魅力的追寻，最终导致粉丝、偶像与媒体形成了以性魅力为纽带的多向沟通。其次，粉丝的实践活动使其通过情感投射实现了自我认同，在互动交流中和"前台／后台"统一下强化了自我认知，解决了"我是谁"的问题，并在强化粉丝身份的过程中获得接近"理想中的我"的成就感。最后，处于社群中的粉丝个体在群际交往中，产生社群归属感与荣誉感，并实现粉丝社群认同。在社群认同的过程中，粉都通过社群内部组织制度初步划分社群边界，通过群外比较强化边界，通过行动实现积极区分并借以巩固边界。三个层面的剖析大致描绘出了粉丝行为的心理动因，这有助于我们深入了解粉丝文化的发生和运行机制。

第九章
群情鼎沸：饭圈乱象的平台治理与规制策略

　　2021年6月，中央网信办在全国范围内开展"清朗"行动。一时间，"饭圈"这一网络词语进入了大众视野。溯本清源，粉丝、影迷、追星族、饭圈这些概念不能一概而论，我们不能简单地将整治饭圈等同于整治粉丝个体，饭圈并不是简单的粉丝集合。饭圈是"流量明星"时代特有的产物，具有结构化、组织化、功能化、制度化、规模化等特点[①]，是流量明星粉丝构成的网络亚文化社群。近年来，饭圈中频频爆出未成年人高额集资、为偶像打投造成浪费、大规模舆论混战等负面事件。饭圈乱象并不能简单归因于粉丝

---

① 胡岑岑.从"追星族"到"饭圈"：我国粉丝组织的"变"与"不变".中国青年研究，2020(2)：112-118+57.

个体，粉丝是"对特定的人或事物有着强烈的兴趣或赞赏的人"[①]。一群人保持着共同的情感偏爱自古有之，如书迷会、影迷会、登山会等，但都未演化成如今规模化、组织化，且具有攻击性、偏激性的饭圈群体，可以说个人的情感偏爱不应该是群体负面事件的原罪。从表象来看，乱象的症结的确在于过度狂热而丧失理智的粉丝群体。然而，我们应该进一步追问：为何偏偏是流量明星的粉丝演化为如今成为众矢之的的饭圈？有着情感偏爱的粉丝是如何形成攻击性强、偏激性明显、规模化、制度化的饭圈的？在这个过程中是否有其他角色在发挥作用？

粉丝自古就有，但具有现代意义的粉丝文化与网络技术、文化产业、社交平台的兴起密不可分。胡岑岑将我国粉丝文化的发展分为三个阶段[②]：第一阶段是 20 世纪八九十年代，发展迅猛的港台大众文化产业大量输入港台明星作品，新风吹新潮，在纸媒的推动下内地 / 大陆掀起以学生为主体的追星潮流；第二阶段以 2005 年为起点，传统电视媒体湖南卫视推出全民选秀综艺《超级女声》，随之诞生"玉米""凉粉""盒饭"等粉丝社群，综艺落幕但全民参与的粉丝社群兴起；第三阶段以 2014 年为分界线，韩国娱乐产业打造的中国籍艺人归国发展，"流量艺人"的概念随着网络社交平台

---

① PRICE L, ROBINSON L.Being in a knowledge space: information behaviour of cult media fan communities. Journal of Information Science, 2016: 1-16.

② 胡岑岑 . 从"追星族"到"饭圈"：我国粉丝组织的"变"与"不变". 中国青年研究，2020(2)：112-118+57.

的兴起逐渐被大众熟知。原本，流量（traffic data）是网络信息技术领域衡量网站商业价值的专有名词，是通过在特定时间内统计网站的"用户访问量"等数据标定网站的商业价值，之后用来指代粉丝数量多、转赞评数据量大、粉丝消费金额高的艺人明星。这使得平台开始注意粉丝经济和粉丝流量这块"肥肉"，针对粉丝的营销手段和组织方式不断更新。

可以说，饭圈是第三阶段粉丝文化在无良资本和逐利平台催化下形成的畸形社群组织。造星方式的变革、网络社交平台的繁荣、传播渠道的改变异化了艺人的评价体系，也加速了粉丝社群的组织化和制度化。以往，艺人需要凭借口碑佳的作品获得大众的关注，从而获得社会影响力并拥有商业价值，也就是说作品决定艺人的价值；当下，流量艺人只需要在低门槛社交平台积累一定数量的粉丝，就可以用漂亮的数据置换优质影视资源和商业资源，粉丝数量决定流量艺人的价值。可以发现，"平台"是流量明星的发声渠道，更是他们的栖身之所。以社交平台微博为例，如果没有微博热搜榜单，大众可能并不认识那些粉丝千万的"明星"；如果没有微博设置的粉丝社群矩阵（明星超话），粉丝可能不会迅速组织、规模发展；如果没有平台设置的明星势力榜，粉丝可能也不会付出免费劳动换取偶像高位。总之，平台利用流量逻辑绑架粉丝，饭圈在平台的催化下应运而生。因此可以说，如果没有平台，就没有流量明星的大行其道，也不会有饭圈的畸变。

"清朗"行动持续月余。根据现有的整治政策，中央网信办分别对粉丝组织、明星团队、社交平台、传播平台和内容制作方进行治理。饭圈之乱并非粉丝一方之祸，通过田野调查，笔者观察到不少粉丝在平台撤下明星榜单后欢呼雀跃，"终于可以不用打投了"，可见粉丝苦于做数据久矣。饭圈所具有的攻击性、偏激性、制度化和规模化等失范特质是在特殊平台环境下形成的。那么，在形成畸形饭圈的过程中，平台究竟发挥了哪些作用？其作用机制是怎样的？在治理饭圈乱象的过程中，平台又应该承担哪些责任？平台治理的责任边界在哪里？

群体动力学下的饭圈形成

回答上述问题的核心是探究平台在粉丝社群走向极化、变成畸形饭圈过程中发挥了哪些作用，解决这个问题首先就要梳理粉丝社群是如何成为狂欢的失智群氓的。

群体动力学家马文·肖将群体（group）定义为两个或更多进行互动并相互影响的人，他认为不同群体之间存在共性，即群体成员间必然存在互动（Shaw，1981）。约翰·特纳认为，群体成员形成彼此认同感之后才能称为群体，开始把同一组织的人看作"自己人"而不是"陌生人"（Turner，1987）。从群体的定义出发，在个体形成群体的过程中需要互动和认同。勒庞在大众心理研究中指出，没有共同目标、偶然聚在一起的一群人并不能形成群体，群体的形成需要具备三个要素，分别是高同质性的个体、情绪传染和低意志的辨识力。

群体心理学门类杂多，无法梳理殆尽。如果将饭圈视作狂热分子的集合，那么探究饭圈整体的心理机制就可以从从众心理和群体极化两个维度进行透析。上文综述了粉丝社群形成过程中的心理机制研究，大部分学者将个体走向群体的主要心理驱动归结为"认同"，但对于个体如何在群体的影响下变得狂热和偏激并未给出答案。饭圈由粉丝个体组成，为何他们的行为和在互联网平台上保持着出奇的一致性？从众心理研究或许可以给出答案。戴维·迈尔斯进行了总结，指出从众是根据他人而做出的行为或信念改变，从众的表现形式为顺从、服从和接纳，其中顺从是指依靠外在力量、为了规避惩罚而表现出的从众行为，服从是指服从明确的命令而引发的从众行为，接纳是指发自内心地相信群体要求做的事情。米尔格拉姆的服从实验揭示了服从产生的条件，分别是情感距离、权威的接近性与合法性、权威的机构性和群体的释放效应。戴维·迈尔斯还总结了引发从众行为的因素，分别是群体规模、群体一致性、群体凝聚力、地位、公开反应、无事前承诺。展开而言，当面临多个意见一致的、有吸引力的、地位高的人对个体产生影响，同时个体在公开场合做出反应并且没有事先做出承诺时，人们最容易从众。从众是粉丝个体走向失智的第一步。饭圈的高卷入度、高区隔性和高生产性并不是简单的从众行为，而是高度团结和自我牺牲。

群众运动及其心理机制的相关研究总结了相关动员策略。塞奇·莫斯科维奇在《群氓的狂欢》中指出，群体领袖和群体民众之所以紧密联结，仿佛本体与影子一般，是因为群体领袖使用大众暗示策略，这一策略是出场、仪式和说服三要素的有机联动。出场是指为宣传者提供一定的空间平台，比如提供教堂、体育场、广场等适合开放性聚集的空间；仪式是指通过特定具有象征意义的符号推动民众融为一体，如旗帜、标语、画像、歌曲和游行等；说服是指对外传播肯定、重复的短语和口号，形成大众暗示，唤醒民众的集体记忆和集体情绪。埃里克·霍弗在《狂热分子：群众运动圣经》中指出，群体的团结行动和自我牺牲需要以自轻为前提，也就是去个性化构建同质性社群，"想要培养出人们随时准备好战斗和赴死的心态，诀窍在于把个人从他的血肉之我中抽离出来，比如，把他彻底同化到一个紧密的团体中；赋予他一个假想的自我，给他灌输一种贬抑现在的态度；在他与真实世界之间架设一道帷幕；通过诱发激情，阻止个人与自我建立稳定的平衡"。勒庞在《乌合之众》中指出，偶然站在一起的、没有明确集体目标的人是无法形成群体的，只有通过去个性化、情绪和行为传染、低意志的辨识力才能形成心理群体。可见，饭圈能够对外实施"霸权"，很大程度上是因为个体在无形中已经被群体催眠，实现了去个性化、情绪传染和被说服。

饭圈乱象最终往往表现为粉丝群体秉持着偏激的观点。从群体极化理论出发可以发现互联网平台的出现催化了观点的偏移。群体极化理论由斯通纳首次提出，而后由桑斯坦进行总结。群体一开始的态度倾向会随着群体商议而继续偏移，最终形成极端的群体观点。国内外学者多在群体极化的发生逻辑、极化模型和理论演变几个方面着力。经典文献在群体极化发生逻辑方面多从社会心理机制与信息扩散机制角度进行总结 ①：从社会比较理论（SCT）出发，群体极化是个体渴望获得群体接纳的结果；从有力论据理论（PAT）出发，群体极化的产生是因为个体在群体交流中接纳更多论据后形成态度的偏移或强化，在衡量和判断后最终保留偏激化的观点。国内外学者也会通过模型化的方法对群体极化的要素进行模型演绎。其中，迈尔斯和拉姆提出导致群体极化的三要素模型，分别是社会动机、行为承诺、认知基础。② 虞鑫和许弘智基于社会网络视角，采用仿真模型演绎的方式重现群体极化现象，并指出个人特质、网络位置的交互作用和网络结构三者影响了群体极化。夏倩芳和原永涛指出，群众具有非理性特质，容易以氓民的形态存在并生发曼海姆所指的"意识形态与乌托邦的对抗"；特别地，在新媒体社交平台环境下，群体受到信息回音壁的影响，更容易产生群体极化现象。

循环反应理论下的平台作用

布鲁默所提出的循环反应理论是在勒庞心智归一理论基础上融入社会结构变量的集体行为形成理论。心智归一理论是纯粹的社会心理学理论，并没有涉及聚众形成的微观机制和聚众得以形成的结构性条件。布鲁默将符号互动论融入集体行为生成机制中，对聚众

---

① 虞鑫, 许弘智. 意见领袖、沉默的螺旋与群体极化：基于社会网络视角的仿真研究. 国际新闻界, 2019, 41(5): 6-26.

② MYERS D G, LAMM H. The group polarization phenomenon. Psychological Bulletin, 1976, 83(4): 602-627.

形成过程的机制进行了阐述，并提出循环反应理论。他认为，聚众形成过程是一个人与人之间的符号互动过程，集体行为背后的机制是循环反应，可以分为三个阶段，分别是集体磨合、集体兴奋、社会感染。下面将从这一理论切入，深入挖掘平台在饭圈形成过程中所发挥的作用。

集体磨合：构建社群矩阵，提供互动机会

处于集体磨合阶段的个体会逐渐形成集体认同并释放相似情绪。"当集体处于第一阶段进行集体磨合时，群体内个体开始不安并开始信谣传谣"，布鲁默认为这一阶段是群体形成过程中最核心的阶段。milling 一词原指牛圈内牛群开始躁动不安的情形，在这里被布鲁默用于形容群体内信息的传播与共同情感的释放。

平台为粉丝构建了专属社群矩阵，提供了个体互动机会并孕育了群体行为意向，实现了集体磨合阶段的信息传播功能和情感释放功能。个体嵌入网络具有独立性和一元性。受平台的社群化趋势影响，个体的一元嵌入有了新的选择。信息分享平台为追赶粉丝风口纷纷成立粉丝专属社群，如微博开设明星超话、微博群、CP 超话，抖音开设粉丝群，豆瓣开设明星粉丝专组、节目专组、明星八卦专组，QQ 开设跨平台粉丝群等，为孤立个体融入多元社群网络提供丰富载体。信息分享平台所构建的社群矩阵是集体磨合的重要媒介，且大部分被构建出来的社群呈现匿名化和圈层区隔性特征，这给粉丝个体融入粉丝社群提供了关键机遇。

受社群匿名化特征影响，处于复杂网络环境中的个体会在网

络情境互动中隐瞒个体特质，在表达自我的过程中会更多地遵守严苛的群体规范，这就导致成员的去个性化和社群同质性的形成，推动集体磨合过程中信息的流动与传播。去个性化会造成以自我为主题的表达减少，相应地，还会驱使个体更加关注集体利益和群体表达。在粉丝超话中，粉丝很少发布分享个人日常生活点滴的帖子，大部分粉丝会按照社群统一格式发布与偶像相关的内容。经过参与式观察，可以发现：如果某粉丝在超话中发布了与偶像完全无关的日常，会有其他粉丝在下方提醒"注意哦，这里是××偶像的超话，不要发布与偶像无关的内容"。同样地，如果没有根据固定格式发布偶像相关内容，也会有粉丝回帖"注意超话发言格式"。主题和格式的一致性带来了视觉和心理上的双重匿名性，这会削弱粉丝表达热烈情感的羞怯与沉浸在小众偏好中的现实羞耻感。平台构建的专属社群给个体释放现实情绪并获得群体认同提供了集体磨合的空间。在这样的社群环境中，粉丝个体之间更易形成共识，保持一致的集体观点。此外，平台所提供的匿名社群还会增强个体的信息安全感。在信息流动、观点一元、章程固定的社群内部，粉丝个体只要按照规章制度严谨发帖、自由表达，甚至仅仅是复制粘贴，就会获得参与快感和被认同的成就感。至此，社群匿名性带来的集体磨合形成了逻辑闭环。因为社群的匿名特征，所以社群的规章制度和管理规范会更加严苛，个体的言论发表趋于去个性化，从而在表达过程中会有更少的情感障碍、更强的表达意愿、更安全的信息心理和更为一元的群体观念，作为社群成员的粉丝也会更加认同社群，社群内部的信息传播也会因此而具有更强的流动性和更丰富的内容。

受社群的圈层区隔性影响，平台所提供的社群矩阵之间的社交网络联结较弱，而内部个体之间的联结较强，这推动了集体磨合过程中相似情绪的融汇。社交网络联结是指社群内部个体之间或社群之间的情感联结，是社群成员形成相似情绪的基础。互联网平台为粉丝搭建的专属社群矩阵将粉丝这一群体有效聚拢，但由于平台的空间设置和门槛设置，使用同一平台的不同受众有着鲜明的圈层区隔，即使同属追星族，也会因鲜明的超话设置而分属不同社群（每个超话均以明星命名），保持稳定持续且高频互动的多为同一明星的粉丝社群，这就形成了强内部联结和弱外部联结的特征。根据强联结优势理论，越是联结紧密性强的社群，就越容易形成群体共识和持续的群体行为意向。① 当处于集体磨合阶段时，弱外部联结造成的社群与社群之间的竞争、摩擦和误解往往会促使社群内部成员迸发同仇敌忾、一致对外的情绪。这种相似情绪的迸发对社群管理者和召集者来说是调动社群内部奉献积极性和认同感的良好时机，通过列举偶像被抹黑的事例、放大偶像遭受的委屈、描绘感同身受般的心理状态等移情手段，激发粉丝的同情心和保护欲，增强社群的凝聚力和认同感。

集体兴奋：拉近情感距离，以活动炼造群体凝聚力

塞奇·莫斯科维奇的大众暗示理论指出，社群的形成需要三要

---

① SUN Y, LIU L, PENG X, et al.Understanding Chinese users' continuance intention toward online social networks: an integrative theoretical model. Electronic Markets, 2014, 24(1): 57-66.

素，分别是出场、仪式和说服。在集体兴奋阶段，平台借助特定具有象征意义的符号打造仪式性活动，推动粉丝融为一体。集体兴奋是布鲁默提出的群体行为形成理论中的第二阶段，在这一阶段"随着不安定感的增强，人与人相互感染并进入兴奋的精神状态"[1]。在集体兴奋阶段，粉丝社群会受到平台所供给的信息驱动，在平台信息和社群氛围的催化下个体会进入精神兴奋的状态。从平台的各项功能来看，平台在集体兴奋阶段主要发挥了通过仪式感渲染群体情感的作用，一方面通过明星的入驻拉近情感距离，另一方面通过互动活动和竞争活动刺激群体情感进入兴奋状态。

平台为了保证用户活跃度，常常采用邀请明星入驻的策略，企图实现双赢局面，明星有了时刻活跃的表演前台，平台也有了固定的流量旗帜。米尔格拉姆的服从实验揭示了服从产生的条件，其中关键条件有情感距离和权威距离。当情感距离、权威距离拉近时，平台的运营策略使得明星不再是物理空间中冷冰冰的远距离人物，而是网络空间中可以点对点联结的个体。从技术层面来说，平台打通了明星与粉丝之间点对点的信息通路，使得粉丝与明星之间的情感距离大大缩短，但事实上，由于平台赋予的流量权重不同，即使是同一网络空间中的个体，也享有不同的权益，二者之间不可能有着理想中的点对点对话路径。然而，从粉丝的视角来看，明星与自己的情感距离与以往相比已经微乎其微。另外，在平台开设的粉丝群聊中，明星本人也会加入其中定期发放"空降福利"，比如明星

---

① 赵鼎新. 社会与政治运动讲义. 北京: 社会科学文献出版社, 2012: 40.

会定期在粉丝群内发言互动。在此类有明星参与的粉丝社群中，明星本人是毋庸置疑的权威，互联网平台的存在则将权威与民众之间的虚拟距离无限拉近，增强了权威的接近性和易得性，社群内部的规章制度及活动策略也在权威的加持下劝说性更强。平台的明星入驻及明星入群方式使得社群内部成员的从众心理更强，本质上拉近了情感距离和权威距离，为粉丝个体进入集体兴奋状态提供认同基础。

平台为了最大限度地提高粉丝社群的活跃度，会相应地设置竞争榜单和热搜榜单。平台设置的竞争性商业榜单包含歌曲热度榜、粉丝活跃度榜和明星势力榜等，此类榜单既需要粉丝保持活跃，又需要粉丝提供资金支持，只有这样才能助力自己的偶像登上高位。可以说，平台通过设置多种竞争活动从客观上推动了粉丝社群形成互动共同体。第一，榜单常以直观的形式展现明星的排名，通过增加皇冠、放大头像、设置专属 banner 等形式强化视觉冲击，放大刺激作用。第二，在集体磨合的基础上，粉丝社群内部逐渐形成了以粉丝领袖为主导的规章制度，也形成了唯明星利益为主的群体目标。在竞争榜单出现后，社群明确并细化社群目标来调动全体成员参与其中。第三，群体领袖仪式化此类榜单，以促进成员的情感卷入和自我投射，强化个体的参与积极性和认同感。在竞争榜单的视觉刺激和排名刺激下，社群领袖会放大焦虑情绪并传播竞争意义，将冲榜活动作为社群仪式并夸大此仪式对社群的符号意义。第四，适当展现社群面临的困难和挑战，激发成员斗志，提高个体奉献程度。当顺利解决小困难后，社群内部的兴奋情绪会相互感染，高度认可社群领袖的领导策略并提高对社群的认同感和融入度。

社会感染：搭建公开反应的前台

布鲁默所提出的循环反应理论将社会感染阶段定义为：随着群体成员之间的情绪感染和积累，循环反应进入第三阶段，群体行为随之爆发。社会感染阶段主要表现为社群成员的集体行为意向转化为集体行动。在集体磨合和集体兴奋阶段，个体通过嵌入平台提供的社群网络获得基本信息，实现去个性化，保持一致的社群观点和群体情绪，并在平台信息驱动下进入情绪兴奋状态。在社会感染阶段，群体情绪走向极端，在公共平台爆发群体行为。

有研究将个体的行为转化总结为受到信息感知临界质量和心理安全两个因素影响。信息感知临界质量是指一个人认为他的大多数同伴参与的程度。心理安全是指从心理资源的角度考虑，个体认为参与集体行为自己承担的风险是否在安全范围内。[①] 从平台向粉丝社群提供的各项服务来看，粉丝不仅拥有专属社群，还可以在公共场域发声。但从小众社群走向公开反应，这一过程需要个体衡量信息感知临界质量和心理安全。经过集体磨合和集体兴奋阶段，个体在平台的推动下已经对偶像保持充沛的保护欲和奉献欲，并对粉丝社群有着高度的认同感、融入感和归属感，因此在衡量信息感知临界质量时，往往认为"我的粉丝朋友都会对这件事发声，大家都

---

① IGLESIAS-PRADAS S, HERNÁNDEZ-GARCÍA A, FERNÁNDEZ-CAR-DADOR P.Social factors' influences on corporate wiki acceptance and use. Journal of Business Research, 2015, 68: 1481-1487.

很激动，我不可以置身事外"。从近年来粉丝社群爆发的群体行动来看，粉丝在公共场域发表观点有着较高的心理安全指数；经过观察发现，他们中有些人是用"追星专号"发表观点，社交账号内较少透露个人信息，或者是由于参与群体行为的粉丝人数过多，自己发表的观点与群体相似，因此不会感到充满危机。

平台在社会感染阶段发挥着搭建公开反应前台的重要作用。拟剧理论划分出的前台和后台在互联网平台的社群划分中同样适用，普通网民经常参与公共议题的网络空间可以看作前台，专属粉丝的私域社群可以看作后台。前台中的粉丝表演包括控制评论、冲击热搜、清理广场、生产内容等集体行为，此类前台行为的目的是让自己喜欢的偶像"出圈"，粉丝社群试图通过群体的公开反应让社群内部的"精神领袖"走向公共领域。平台的热搜榜单、热议话题、热门推荐等功能为粉丝社群实现社会感染提供了条件，粉丝社群运用功能服务平台生产出的数据给围观的普通网民营造出一种"繁荣"的假象。平台对此类失真的数据往往秉持纵容态度，因为数据在一定程度上代表了平台的流量和商业价值。粉丝社群的前台表演大多数情况下依旧是小群体的内部狂欢。在访谈中，大部分普通网友表示自己并不会看微博下的评论，"粉丝控评太严重，大部分是复制一样的内容，很像没营养的垃圾短信"。

平台与饭圈的关系可以总结为：平台为饭圈提供温床，饭圈为平台提供给养。饭圈经常使用的平台可以按照功能需求划分为生产力分享平台、信息分享平台和功能服务平台。总的来说，平台在饭圈形成的过程中分阶段扮演不同角色：在集体磨合这一阶段，平台发挥了构建社群矩阵、提供互动机会的作用；在集体兴奋这一阶段，平台拉近了粉丝与明星之间的情感距离和权威距离，通过多种活动提升社群的凝聚力与兴奋度；在社会感染这一阶段，平台给饭圈提供了公开反应的前台，为更大范围的社会情绪传染提供了机会。

"责任铁律"下的平台责任认知

平台是饭圈形成过程中的基础设施和公共产品。互联网平台构建的信息分享网络和专项服务功能具有非排他性特征，满足了饭圈的创造、分享、交流需求，是信息时代的新型基础设施和公共产品。没有平台在饭圈形成中发挥的各项作用，饭圈就很难走向极端，制造网络乱象。因此，可以说，平台承担饭圈治理重任义不容辞。

平台承担饭圈治理责任本质上是互联网企业主动承担社会责任。西方管理学中对企业社会责任的探讨根源于"企业本位"，强调企业承担社会责任对企业的长远利益有益。企业社会责任的观点源于对企业负外部性的批判，相关学者提出同心圆模型、三维四层模型、金字塔模型等，本质上强调企业应当承担经济责任、法律责任、伦理责任和自主责任。在"责任铁律"原理下，企业承担的社会责任应当与社会权利相称。平台的发展已经远远超过普通企业，互联网企业凭借私有资本享受着公共产品带来的人口红利和政策红利，这就决定了互联网企业应当承担更为广泛的社会责任。

整治饭圈乱象是中央网信办的专题活动。平台在饭圈发展中发挥着举足轻重的作用，根据"责任铁律"权责相当原则，平台必然成为治理饭圈的主体之一。同时，根据"谁经营谁管理，谁受益谁负责"的原则，在饭圈乱象中大额获利的平台也应当主动承担社会责任。结合多起饭圈集体事件来看，饭圈集体情绪激动并以维护偶像利益为根本准则遭到了网友的质疑，普通网友的网络信息获取质量也因为公共资源被饭圈侵占而受到影响，偶像本人的形象也因为饭圈负面事件而受损，在这三输的局面中反而是平台获得了巨额的流量关注。平台设立运营饭圈的专岗，在粉丝经济中受益颇多。无论是在流量方面，还是在经济利益方面，平台都成为直接获益方。因此，受益的平台不应该做"隐形人"，而应该主动承担治理饭圈的责任。

平台饭圈治理的路径选择

饭圈乱象的治理不能从孤立的一方入手，平台积极承担治理责任需要从不同主体入手，多管齐下，实现"四责共治"，即平台的自我监管责任、平台对饭圈的价值引导责任、平台对公众的议题设置责任、平台对明星团队的合理规范责任。平台既需要发挥自身作为公共产品的属性，做到疏堵结合、因势利导，也要对生产和消费两端进行价值引导，平台的先进技术和使用方式赋予其议程设置权利。就公众而言，平台还需注重自身的媒介属性，主动承担面向公众的议题设置责任。

平台的自我监管责任

平台要切实加强对自身的监管责任，从重塑责任观、整改产品设计、落实内容监管三个方面主动承担自我监管责任。

首先，平台要明确自身作为公共产品的基本义务，重塑道德伦理至上的责任观。平台应当约束自身行为，摒弃"唯数据论"的流量迷信，为清朗的网络风气贡献监管力量。平台同时具有商业属性和公共属性的双重角色导致平台在日常运营中难以平衡商业利益与道德伦理。"平台本身并不天生具有基础设施的公共性，它基因中的资本驱动和商业属性，以及对数字时代最重要的基础设施资源——数据——的掌控，使得我们不能简单地把平台看作社会扁平化和互联化的技术驱动力"①，平台的商业属性促使平台注重数据价值和流量价值。对于搅乱舆论的高流量账号，平台为了商业利益往往会让步。日后，平台应当重塑企业责任观，明确自身的公共属性，破除"数据迷信"，积极主动承担伦理责任，杜绝滋生畸形饭圈的不良机会。

其次，平台要从产品设计源头防微杜渐，遏制具有诱导性的榜单和氪金产品。平台可以从整改现有明星榜单、氪金渠道和营销号入手，调整未来的产品策略和粉丝运营策略，优化监管方案，杜绝污浊网络风气的产品开发。"Z世代"是娱乐产业消费的重要支柱。在治理饭圈之前，资本热钱疯狂涌入现代娱乐产业，平台、节目制

---

① 姬德强. 平台理论视野中的媒体融合：以短视频驱动的媒体融合为例. 新闻与写作，2019(6)：11-19.

作公司、明星团队三方联动，利用青少年稚嫩、情绪化、易被煽动的心理特点诱导粉丝冲榜、氪金、做数据；粉丝个体被社群裹挟，在表达对偶像之爱的同时不经意间陷入流量旋涡，成为平台的数据劳工。

最后，平台要落实内容监管责任，在正确价值观指引下大力打击不良账号，捍卫原创内容版权。平台要重塑正确的价值观，彻底清除引战、炒作、造谣的不良营销号，改变以往的纵容旁观的态度。平台也应当承担保护版权的责任。除此之外，平台应当实施分层管理策略，对粉丝运营的重点环节、宣传营销的重点账号、粉丝社群的重点组织进行分层管理，设置全面考核标准和筛选机制，落实主体监管责任。

平台对饭圈的价值引导责任

网络平台满足了饭圈的日常活动需求，同时也促进了饭圈的极化和畸形。基于上面的论述，可以说平台给饭圈的滋生提供了土壤，饭圈为平台提供了流量。受饭圈低龄化趋势影响，平台应主动承担价值引导责任。近年来，饭圈的人员构成呈现低龄化趋势。数据显示，在网民中，初中生通过网络参与粉丝应援活动的比例达到11%，高中生的比例达到10.3%，就连小学生的比例也高达5.6%，参与饭圈的线上活动已经成为青少年的重要网络社交娱乐活动。[①]在这种情况下，平台承担价值引导责任义不容辞，要合理引导参与

---

① 共青团中央维护青少年权益部 .2020 年全国未成年人互联网使用情况研究报告 . (2021-07-20) [2021-07-22]. http://www.cnnic.net.cn/ hlwfzyj/hlwxzbg/qsnbg/ 202107/P020210720571098696248.pdf.

饭圈群体行为的未成年人，输出正确的价值观，最大限度地发挥饭圈这一群体的积极作用，如号召有能力的粉丝组织积极投身公益等。

受饭圈极化趋势影响，平台应主动落实价值引导责任。平台落实价值引导责任的目的有两个：其一，避免青少年受到偶像"光环效应"的影响，形成外貌至上的错误观念，陷入外貌焦虑和不劳而获的幻想中；其二，避免青少年受从众效应影响，盲从饭圈群体的集体决策，陷入盲从权威和偏执极端的陷阱中。平台所发挥的价值引导作用应当以潜移默化的方式实现。平台可以升级青少年使用模式，将防沉迷功能扩展至防歪风、防炫富、防浮夸等功能，避免青少年被不良风气荼毒。另外，青少年对偶像的喜爱呈现过度沉迷的趋势，平台应当主动输出更有营养、更有价值的内容，避免青少年成为无原则、无底线的"单向度的人"，避免单一是非观的形成。

平台对公众的议题设置责任

网络平台是信息时代的公共产品和基础设施，在聚焦自身商业属性的同时，也要权衡自身的公共属性和媒介属性。数据显示，大部分青少年是通过热搜榜单、新闻推荐、窗口推送等方式被动地获取信息。网络平台已经拥有了传统媒体所拥有的议程设置功能，平台作为"守门人"应当权衡商业性和公共性，改进现有算法机制设计，更多地考量公众关心的主流议题，结合主流价值观，避免过度关注明星八卦，避免娱乐内容长期霸占热搜榜单。

平台对明星团队的合理规范责任

明星及背后的经纪团队呈现出资本化运营的态势。经纪团队会设立专业的粉丝运营岗位，发挥上传下达的关键作用。可以说，明星及其经纪团队是饭圈经济链中的重要生产端。明星及其经纪团队还是饭圈争端的背后推手，例如，团队会向饭圈领袖表示明星对番位或资源分配的不满，饭圈领袖会在社群内部动员粉丝声讨影视制作方，以舆论造势的方式威逼制作方做出让步。更有甚者，明星本人会在社群内部直接向全体粉丝表明态度，挑动饭圈的敏感神经，从而掀起饭圈之间的大规模混战。此外，处于饭圈经济链生产端的明星及其经纪团队通过"媚粉"（谄媚粉丝，无底线迎合粉丝喜好）等方式，就可以号召饭圈成员盲目进行非理性消费。明星及其经纪团队操纵饭圈的大部分行为都依赖网络平台，网络平台搭建的粉丝专属社群为他们操控饭圈提供了技术条件。因此，平台应当主动承担对明星团队的合理规范责任。

平台对明星团队的合理规范责任可以分为价值规范责任、行为规范责任、内容规范责任。在价值规范方面，平台应当引导明星及其经纪团队树立正确的星粉观念，摒弃以往"割韭菜""娱乐至上"的错误价值观，引导明星及其经纪团队投注精力生产优质的文艺作品，通过文艺精品来塑造正面形象和社会声誉；引导明星及其经纪团队承担管控饭圈的直接责任，及时纠正饭圈的出格行为。在行为规范方面，平台应当采用约谈、禁言、封号等方式及时纠正明星及其经纪团队的不合理行为，如授意饭圈掀起舆论混战、暗示饭圈参与非理性消费、无视饭圈的出格行为等。在内容规范方面，平台应当制定并落实饭圈守则，敦促明星及其经纪团队按照守则行事，并对明星一方的关键账号进行内容审查，重点关注经纪人、助理、工作室等发声账号，从源头杜绝产生饭圈乱象的可能。

平台履行饭圈治理责任的资源和优势

与饭圈息息相关的平台依托于互联网企业。中国互联网企业发展至今积累了丰富的资源与明显的优势，这是履行饭圈治理责任的物质基础和重要保障。

资本优势

与饭圈密切相关的平台欣欣向荣，高速发展的态势和稳定的盈利水平为履行饭圈治理责任提供了有力的资金保障。微博平台由新浪和阿里巴巴持股，抖音平台是字节跳动旗下产品，其他小众饭圈平台均有大型互联网企业的投资参股。2020 年，微博营业利润高达 16.90 亿美元，字节跳动营业利润超过 70 亿美元。近年来，各个平台在饭圈经济中获利颇丰。据统计，2020 年中国偶像市场总规模高达 1 000 亿元，"Z 世代"作为崛起中的消费群体大大激活了粉丝经济。平台在饭圈经济中收获了巨额利润，背后还有强大的企业实力作为支撑，因此，平台承担治理责任，实施"四责共治"，有着坚实的资金基础。

数据优势

数据是饭圈用户交流、分享、行动的直接结果，也是平台的一手资源。数据是进行舆情分析、圈层治理、公权决策的重要依据，也是信息时代最基本的生产资料。进行饭圈治理需要在事前做好用户数据分析，在事中做好舆情监控工作，在事后做好惩戒整改工作。在饭圈治理的每一个重要环节都需要数据作为基础的依据。而网络平台掌握着海量的用户数据和信息资源，饭圈在网络平台的言论、社会网络关系、组织结构都是判断圈层走势和集体行为的重要依据。此类数据作为一手资料由平台掌握，具有原始性和直接性，相较于政府相关部门通过倒查的方式推导梳理更具公信力、实效性，精准度也更高。

技术优势

目前，技术是平台快速发展的重要推动力。目前可以应用于饭圈治理的技术包括区块链技术、人工智能技术、社会网络分析技术、云存储技术和大数据技术等。各大互联网企业注重前沿技术的发展和创新，阿里巴巴披露其技术研发费用每年超过1 000亿元。饭圈治理本质上是舆情监控和内容治理。目前，各个平台都有着成熟的技术优势，可以通过信息化监测手段分析舆情信息中的多维关系；可以通过人工智能技术中的自然语言处理技术进行算法训练，实现人工智能的自动化监测；还可以运用社会网络分析技术梳理饭圈社群网络中的关键节点，实施分层监管策略。平台在人工智能技术、区块链技术、大数据技术上的大量投入实现了技术前沿性和应用性的大幅进步，这是平台进行饭圈治理的技术优势，有利于平台反哺当下的饭圈治理。

平台饭圈治理的责任边界

平台履行饭圈治理责任并不是毫无边界。"将权力关进制度的牢笼"，平台要在保护用户隐私权和言论自由权的基础上行使自身权力。同时，受资本市场的逐利性限制，平台在履责过程中注定要守住边界，切莫出格。

隐私边界

平台在承担饭圈治理责任的同时，要注意监管权的隐私边界。在大数据时代，数据是网络空间用户隐私的折射。对于平台而言，需要在行使数据监管权和保护用户隐私之间寻找平衡点。有研究认为，隐私是指个人、团体和机构有权决定何时、以何种方式、在多大程度上将有关他／它的信息传达给他人。[①] 朱侯认为，隐私边界本质上是人际边界，对隐私的控制意味着人们控制自己与他人的互动。[②] 根据相关研究，社会化媒体平台用户的隐私泄露可分为自我披露和他人泄露。平台的参与性、关联性、社区性和开放性影响了用户之间的交互程度和交互网络，隐私边界逐渐模糊。平台履行监管饭圈的责任，需要在披露用户隐私和维护公共利益之间实现调和，将伤害最小化，可以利用隐私边界的实时渗透而后进行边界协调[③]，以减少纠纷为根本目的，实现监管饭圈与隐私保护的辩证调和。

资本边界

资本是把双刃剑，既是平台进行饭圈治理的优势资源，又是治理饭圈的限制条件。资本具有逐利性和避害性，中央网信办将饭圈

---

① WESTIN A F. Privacy and freedom. New York: Atheneum, 1967.

② 朱侯. 隐私边界冲突下社会化媒体共同隐私信息规制研究. 情报学报, 2021, 40(6): 630-639.

③ 王波伟, 李秋华. 大数据时代微信朋友圈的隐私边界及管理规制: 基于传播隐私管理的理论视角. 情报理论与实践, 2016, 39(11): 37-42.

整治作为工作重点，敏锐的资本市场立刻嗅到饭圈经济很难继续维持，失去政策红利的饭圈会很难获得到平台的关注，这就意味着平台履行饭圈治理责任很难得到资金支持。平台很有可能选择以"割掉腐肉"这种一刀切的方式和饭圈告别，被放弃的饭圈不再是投资热点，也就不会成为治理热点，这极易导致饭圈在无人监管的角落里迅速滋生，变成更为极端的狂热群体。

领域边界

平台在承担饭圈治理责任时需要把握好私域内的权力尺度。平台创建的网络空间被使用者人为地分割为公域与私域，以开放平台微博和抖音为例，并不存在边界明晰的私域，因此，平台在履行饭圈治理责任时要在私域内合理发力，更多地监管公域言论与行为。平台开创的网络空间理应维护个人的言论自由权，因此平台在进行监管的同时也要注意尺度，做到张弛有度。

平台的饭圈治理现状与问题

自 2021 年"清朗"专项行动开展以来，各大与饭圈密切相关的平台纷纷发布"清朗·'饭圈'乱象整治"专项行动公告。微博、抖音、豆瓣等主流饭圈平台从乱象入手，响应中央网信办号召，进行专题整治，加大对饭圈刷榜、引战、炒作、造谣等无端行为的处罚。当下平台的饭圈治理行动可以归纳为平台自查、自媒体管理、饭圈组织治理、饭圈风气引导、出台规章制度及处罚标准。

平台自查

中央网信办在《关于进一步加强"饭圈"乱象治理的通知》中指出严禁各平台出现饭圈粉丝引战互撕信息等，并决定从重处罚对互撕信息管理不当、处理不及时的平台。以微博为例，在《关于进一步加强"饭圈"乱象治理的通知》发布后，微博按照部署要求下架超话排行榜，并严禁粉丝在超话内宣传打榜投票、违规集资等行为。在处理明星超话榜单后，微博积极整治"漏网之鱼"，在"萌宠"等名不副实的超话中继续整治非理性追星行为，调整超话名称。除此之外，微博禁言组织控评、刷榜的粉丝数据组，同时解散多个"打榜"数据群。豆瓣自查平台内问题小组，解散打投小组和涉及饭圈乱象的小组，针对饭圈八卦爆料、制造舆论等小组行为上线相应措施，关闭个别问题小组的收藏、评论、发帖功能。抖音下架明星榜单和娱乐话题榜单。腾讯下架整改多款明星打榜小程序，排查清理多个以集资、控评、八卦为主题的群组，旗下QQ音乐平台对数字专辑购买数量进行限制。

自媒体管理

在对自媒体账号的管理方面，平台采用改名、禁言、销号等方式提高惩处力度。例如，微博和抖音限时两周，要求带有"鹅组""八组""兔区"等关键词的高频引战营销号改名，并对其日后发布的内容进行严格监管。

饭圈组织治理

平台严格管控饭圈粉丝组织，采用授权制方式对"粉丝团""后援会"进行扁平化网格管理。例如，微博和抖音限时要求昵称中带有"粉丝团""后援会"字眼的饭圈粉丝组织获得明星经纪公司的官方授权，禁止普通粉丝组织用类官方昵称。

饭圈风气引导

平台引导饭圈风气，避免饭圈互撕、混战、炫富、集资等带有错误价值观的行为。例如，微博主动约谈明星团队，要求明星团队加强与饭圈的沟通和对饭圈的管理。微博针对"清朗"期间的饭圈混战行为，禁言相关账号并约谈明星工作室。

出台规章制度及处罚标准

平台为健全饭圈治理长效机制，主动出台相应规章制度，并对饭圈违规行为进行界定，设置处罚标准，这有助于实现治理的标准化和常态化。微博为构建和谐、法治、健康的网络环境，维护社区秩序，保障用户合法权益，结合相关法律法规及主管部门的管理政策，制定出台《微博社区公约》。该公约涉及用户权责、社区管理方式、未成年人保护、时政及社会信息服务管理规则等多个方面，贯彻落实网络治理的主体责任，构建饭圈治理长效机制。此外，微博为规范饭圈娱乐营销号行为发布《娱乐自媒体号违规行为界定及处罚措施（试行）》，详细界定了营销号的违规行为类型，分为引战拉踩及宣扬抵制、不实爆料及造谣传谣、搬运饭圈负面信息、恶意曲解及人身攻击、集体发黑稿黑评、引导非理性消费及打投、违规刷量控评七大类，并提出相应的违规处理措施。

目前平台的治理体系并不完善，从时效性上看具有滞后性，从手段上看具有单一性，从平台类别上看具有同质性。饭圈乱象非一日之功，敏锐的平台却没有在第一时间承担治理责任，而是保持旁观"割韭菜"的态度，治理已经严重滞后。当下平台的治理公告也是在中央网信办发布治理通知严惩管理不力的平台之后才发布的。另外，平台多采用的禁言、销号、约谈手段是事后治理手段，缺乏预先性的规制计划。平台治理属于私权治理，并不具备公权的行政处罚权力，因此在手段上只能采用下架和禁言等单一治理手段。根据上面的分析，饭圈所使用的平台多样，然而当下的治理手段却呈现同质化趋势，生产力分享平台应当侧重于内容监管，信息分享平台应当在社群治理方面着力，功能服务平台应当设置未成年人保护功能。

饭圈治理的规制策略

经济学认为维护市场秩序需要两种方式，一是公共规制，二是私人监管。平台治理与公权治理相比具有信息优势和算法优势，公共权力在网络治理中发挥的作用有限。平台经济学家认为，互联网环境下最有效的治理模式是协同治理。在各式理论模型中，政府主要作为公权委托者，而平台作为协同治理者发挥直接监管作用。可以说，正是因为平台在饭圈形成过程中发挥了重要作用，正是因为平台在饭圈运营中受益，正是因为协同治理模式对平台私权监管提出要求，平台才应该在治理饭圈过程中明确权责，主动承担社会责任。

事前准入：制定准入门槛，实施分类管理

协同治理模式要求政府、平台、企业和社会多元主体协同参与监管。互联网环境中的平台具有强大的正外部性，在促进消费、社群运营和资源配置方面发挥着创新性作用，而在声誉管理、市场信任和圈层冲突方面却有着不可避免的负外部性。以粉丝运营平台为例，微博上经常爆发以饭圈为中心的舆论风暴，不同粉丝之间、普通网友和粉丝之间的混战经常出现，甚至还会出现高额集资、高额消费、卷钱跑路等金融乱象，因此平台在事前的介入治理必不可少。

首先，平台需要明确治理饭圈的合理边界。根据现有管理规定，与粉丝治理相关的规定有针对音视频平台的《网络音视频信息服务管理规定》、针对网络信息内容服务平台的《网络信息内容生态治理规定》、"清朗·'饭圈'乱象整治"专项行动中的十项措施等。除规定的个性化义务外，相关管理规定还指明了平台的共性义务，即平台需要履行网络保护义务。具体来说，在饭圈乱象治理过程中，平台需要承担未成年人保护义务、隐私保护义务、舆情保护义务、道德风尚维护义务。平台应当履行主体责任，完善社区规则，根据管理规定主动承担各项治理义务。

其次，平台在事前治理阶段要制定准入门槛，实施分类管理。平台在治理饭圈乱象过程中扮演双重角色，既是用户服务者，又是用户监管者，为了避免平台公共性的缺失，应当从准入资质监管方面着力。饭圈乱象本质上因饭圈的社群化和组织化而起，因此应为入驻平台的明星、经纪团队、官方后援会、普通粉丝组织等具有组织潜力的用户制定准入门槛，筛选出不合规或综合考评不通过的用户，并对用户进行资质备案。督促平台建立粉丝社群管理机制和定期考核标准，对备案用户分类施策，对关键用户如明星、经纪团队和官方后援会进行重点监管，为普通粉丝组织设置行为红线，如集资、销售等行为需重点监管。

最后，平台在事前治理阶段要自检自查，重塑粉丝运营机制。平台需严格按照管理规定自检自查，破除"数据迷信"，合理行使议程设置权力。随着平台用户的增多，平台在设置议程方面拥有了影响话题走向的权力。只有合理行使议程设置权力，才能营造天朗气清的网络环境，实现对网络风气的维护。另外，平台虽然具有公共产品的属性，但本质上具有逐利性，因此格外重视对数据的掌控，大多数平台以数据为唯一的价值标尺。由于粉丝多以青少年为主，当务之急是破除"数据迷信"，重构粉丝运营逻辑，不可为追逐数据而纵容营销号和黑粉群体造谣、互撕、蹭热度等乱象的产生。

事中监管：技术智能监管，双向声誉管理

受信息膨胀影响，论坛时代的"版主负责制"无法承受对海量

信息的监管压力，当下平台在对平台内容进行治理的过程中多采用用户举报机制。以微博为例，用户举报机制愈加完善，一键举报降低了监管成本。然而，此类监管方式留下了漏洞，给了众多营销号可乘之机。因此，平台应当统筹技术监管与声誉管理。

在技术监管方面，平台应该优化算法，依托人工智能等信息技术，采用在线文本挖掘方式监控重点粉丝社群的舆论走向。实时更新粉丝用语，明确风险用语和风险时间点，在多元主体协同治理的体系内发挥平台自身的技术优势和数据优势。监控粉丝在专属社群内的信息动态，描摹重点用户画像，与用户举报机制相结合。例如，若多次被举报，可以采取封号等强制手段，并对风险用户定期进行考核。

在声誉管理方面，平台可以建立关键账号的双向声誉管理体系。所谓声誉管理，就是平台对用户之间的评价进行管理。可以在明星、经纪团队、官方后援会和粉丝社群中的意见领袖之间建立声誉管理系统，双向打分，对关键账号进行激励，鼓励用户给出真实评价。

事后惩处：明确惩处边界，完善治理生态

平台进行监管属于私权管控，事后监管手段比较单一，主要有禁言、封号、设置黑名单等方式。平台的事后惩处手段灵活、成本较低，但具有低效力、低强制性的特点，存在着威慑力不足的问题。因此，在事后惩处阶段，平台需要公权监管的介入。目前，平台在粉丝治理方面存在着滞后性，往往是在公权指出乱象后平台才

做出反应。必须抛弃这种模式，积极主动完善治理生态。

平台需要运用先进的算法技术和挖掘技术，建立违规粉丝数据库，将违规案例备案，建立同第三方评价机构的合作机制，定期抽查平台自身的监管效果，促进平台主动承担风气维护义务，促进平台之间交流监管经验。

总体而言，网络平台滋生了饭圈。平台为饭圈的日常活动提供物质基础，饭圈常用平台可以归纳为生产力分享平台、信息分享平台和功能服务平台。在中央网信办的"清朗·'饭圈'乱象整治"专项行动开始之前，平台在饭圈的集体磨合、集体兴奋和社会感染进程中发挥了聚集、组织和凝聚的重要作用。

在"责任铁律"原则下，平台的权益应与责任相当。同时，结合"谁受益谁管理"的原则，平台进行饭圈治理责无旁贷。平台应当按照"四责共治"模型选择饭圈治理路径，自我监管，同时承担对饭圈、对公众和对明星团队的责任。平台之所以能够承担饭圈治理重任，是因为平台在资本、数据和技术方面具有优势。然而，履责并非赋予公权，仍需注重用户的隐私边界、领域边界。当下，平台进行饭圈治理呈现滞后性、单一性和同质性的特点，需要与公权结合，构建多元主体协同治理的模式，实现廓清饭圈风气的治理目标。

访谈手记：秀粉的生存指南

在众多粉丝类别中还有一类"水性扬花"般的存在——三月秀粉。"水性扬花"是接受访谈的粉丝的自嘲，区别于其他墙头粉，她们认为自己的"移情别恋"与选秀节目密切相关。三月，概指此类粉丝喜爱一位选秀明星的时长，选秀节目周期一般在三个月左右，她们在三个月内完成倾注情感、透支情感、消耗情感的轮回；秀粉，是此类粉丝的身份定位，指那些因为选秀节目而喜爱上某一位或多位明星的粉丝。"或许我只是沉溺于选秀比赛期间那种紧张刺激又团结热血的氛围"，通过对三月秀粉的剖析，笔者决定换一种呈现方式，结合三个深度访谈讲述三个秀粉的故事。

自我延展——我想更有价值

J姑娘是非典型粉丝。在咖啡厅进行的访谈中，她冷静、理智又野心勃勃。"我是纯粹觉得他不需要我了，我决定闯一闯。"当谈及为何离开自己追了三年的"本命"（饭圈术语，指代粉丝心中地位最高、最为钟爱的一位明星艺人）时，她这样回答。"但一定要记得，我只是短暂地离开，即使他暂时不需要我了，但我永远都需要他。"这种复杂的需要与被需要心理很有魅力。在 J 姑娘的自述中，可以发现她成为秀粉的主要驱动力是她的"本命"足够优秀，对粉丝的需求已大大减弱。没错，听起来很荒诞，为什么明星会不再那么迫切地需要粉丝？J 姑娘浸淫于饭圈已久，对饭圈大小规矩轻车熟路，她将娱乐圈的明星划分为流量派、国民派和终身成就派，他们对粉丝的需求迫切性是逐层减弱的。流量派指代对粉丝需求极为强烈的暂未"出圈"的偶像明星，他们仿佛是娱乐孤岛，在特定圈层里人人追捧，但跳出圈层众人罕识。在她看来，流量派艺人是粉丝需求度最高的。"人人都想出圈，粉丝想，偶像更想，整个过程双方是彼此成就的。"通俗来说，流量派艺人仿佛是未开垦的荒地，原始粉丝则是"原住民"，他们和艺人一起将荒地变成城池，自然而然地，就有新的粉丝迁移。在 J 姑娘看来，"他已经足够优秀，国民度很高了，就会不断地吸引新粉丝"，同时，粉丝圈层的内部建设已经基本成熟，原始积累已经初步实现，"我们这些老粉丝要么成为大粉，要么就是时不时地找找墙头"。在 J 姑娘的追星好友中，一部分初始粉丝渐渐成为大粉，用心经营着粉圈关系，在圈层内部拥有越来越大的话语权；也有一部分偶尔会找新墙头，在新的领域继续开疆拓土，"我就属于第二类"。

可以发现，此类粉丝之所以成为秀粉，是想在新的粉丝圈层有所建树。当然，不能否认他们对新偶像的热爱。选秀节目会刺激选手的飞速成长，对于粉丝整体而言这也是飞速扩张的契机。此类秀粉沉迷于养成感受，偶像和粉丝集体的成长都会刺激到他们的兴奋点，而一旦节目结束，这种外在刺激一点点消失，此类秀粉的热情也会慢慢转移。J姑娘自述自己在选秀期间为小偶像殚精竭虑，从粉圈建设到内容产出，她都想方设法地学习借鉴。在那段时间，她甚少在凌晨1点前休息，白天要和节目组、经纪公司对接，要组织粉丝进行打投，还要和一些"反动势力"斗智斗勇。

当下，选秀节目的套路已经固定，打投数据是出道的唯一依据，而这需要大量的人力、财力。"组织打投挺让人有成就感的，虽然累，但大家都挺团结。只要有规范的打投制度，整个氛围调动起来了，就很好。"在坚实的物质基础上的打投是极能调动粉群氛围的，也是营造良好粉丝生态的关键要素。"搞好打投需要动脑筋，不是拼蛮力。我读了不少有关社群运营的书，也算在好几档选秀节目中积累了经验吧，打投制度是核心。军事化管理和网格化管理如果能落实到位，粉丝会很有归属感。"

自2018年起，J姑娘就流连于选秀节目，要为每一个粉圈创造价值的野心促使她一次次地进入粉丝组织的核心管理层。"没什么别的目的，也不是想着拥有什么权力，就是享受创造价值的快感。"在建设打投数据组方面她颇有心得，讲起来仿佛专家学者。"网格化管理就是要分组，我会将数据组成员分成若干小组，每个组在30人左右。每个小组由组长负责，每天检查组员们的打投成果。打投负责人直接管理组长们，可以设立奖励机制，还可以定期对内对外组织竞争。"谈起自己的制度建设，J姑娘打开了话匣子。她采用了

网格化的社群管理制度，将每一位志愿加入打投数据组的粉丝归入
了不同小组，各个小组长负责分发账号、记录每日打投完成情况、
组内社群交流等，总负责人则在每日晚间听取各组长的汇报，并抽
查各组的情况。"这种制度虽然听起来十分严苛，让人怀疑不能顺
利运行，但事实上在比赛期间，这种严苛反而是团结的催化剂，严
密组织更让人有安全感。"J姑娘对粉丝心理颇为谙熟，这是她所创
造的价值的最直接体现。她还介绍，要在社群运营过程中加入必要
的奖励机制和氛围调节活动。"比赛期间不能一个劲儿地压榨普通
粉丝，选手在节目里努力是一回事儿，节目外和谐有趣的粉丝社群
是另一回事儿。奖励和竞争还是有必要的，还可以在大家疲惫的时
候定期'团建'。"

　　在她看来，组织打投并不是最辛苦的事情，处理争端才是最
累心的。"有人的地方就一定有纷争，这没什么难理解的。"在她
看来，粉丝圈层内部存在不和谐的声音很常见，在这样一个权威暂
未建立起来的圈子里粉丝争端更是随处可见。秀粉圈还处于萌芽状
态，试图在未开垦的领域圈地抢占霸权的人不在少数。"毫不夸张，
争权夺利的事情常有。"J姑娘在自己的两年秀粉经历中，扮演过
"金主爸爸"、后援会负责人、数据组组长等很多不同的核心角色。
"可以说，没有十全十美的饭圈，每一次都有乱七八糟不和谐的声
音出现，节目结束之后这种声音尤其赶粉。我并不擅长处理争端。"
据她介绍，几乎每一个饭圈都有引发不和谐的小群体出现："这群人
很爱抱团，有的时候提的意见确实很靠谱，我们会接纳。但有的时
候，他们就是纯粹找碴儿、苛求、夺权，比赛期间官方组织很难做

到尽善尽美，这种声音的出现既会打击组织成员的积极性，还很容易误导散粉。"对于这种粉圈争端，J姑娘看得很开，在比赛期间她的处理方法大部分是隐忍和沟通，她会尽量避免在赛时爆发粉群冲突，但在比赛结束之后，她往往成为"跑路"的那个。"首先，我是秀粉。我喜欢比赛期间热血奉献的感觉。比赛结束，我的使命完成了，我很不屑和这些人发生什么冲突。我的生活和创造的价值最重要。"J姑娘在陈述过程中尽可能地表现出她的洒脱恣意，玩得开心就可以一走了之。

当谈及秀粉和普通粉丝的差别时，J姑娘表示这个不能一概而论。"只能说，秀粉是粉丝集体的缩影，是粉丝集合的一个真子集，进行差异比较是不合理的。"这种类比很新奇，在她看来，秀粉是粉丝集体的微缩，秀粉的圈层构成与粉丝整体圈层大同小异。"如果非要探究差异的话，可能心理驱动有点差异。就像我，就是因为前一个圈子待腻了，想在新的圈子里找点新鲜感。"秀粉圈处于萌芽状态，选手的人格魅力和圈层早期氛围会吸引各色人，有追星多年、对饭圈规矩如数家珍的"老油条"，有被节目效果吸引的"初恋追星"粉丝（选秀选手是第一位喜欢的明星），有沉迷于新鲜面孔而高产的"大大"。不可否认，粉丝个体在新的圈层能创造出全新价值，这种价值既体现在偶像身上——"我每次追选秀都是为了赢，送喜欢的选手出道成就感爆棚"，又体现在粉丝圈层中——"我能够在新的圈子里很快获得强话语权，帮忙建立起比较成熟的粉丝组织，维护粉圈生态，这一点其实更让人有成就感"。但这种情感输出和贡献野心可以持续多久暂未可知。

秀粉对偶像的感情究竟如何？在访谈中，笔者旁敲侧击地询问了微博账号的使用频率。"追他（指选秀节目中喜欢的偶像）的账号在节目期间登录很频繁，但一般节目结束后我就切回追星大号或者我的生活号了。"对于 J 姑娘来说，这种情感表达类似冲动性情感宣泄。在比赛期间，她受到节目机制的冲击，短期内投注大量情感，这种行为虽然处于情感额度透支状态，但因为认同感和成就感回报高，并不会陷入情感质疑中。然而，节目结束之后，一直紧绷的神经松弛下来，此类"疯狂"的粉丝开始对过往输出的情感进行反思，情感投注也趋向平稳。这一过程可以归纳为：受到偶像吸引初感兴趣—被节目赛制刺激进入紧张状态—赛中狂热投入透支情感—赛后陷入反思趋于平静。"我自己能感受到我是被节目赛制操控的。"可以肯定的是，比赛期间粉丝们的情感投入是真实的，但这种情感并非完全是原发性的，赛制和集体氛围发挥了较强的压缩作用。

当问及如此付出是否影响自己的正常生活时，J 姑娘有点面露难色。每个选秀节目周期在三个月左右，J 姑娘自述在这三个月内她几乎全身心地投入到选秀节目里，要组织散粉打投，还要想办法插旗集资（一种粉丝募捐方式），平均每天在追星上消耗的时长在 7~8 小时。"说不影响是假的，但在现实生活中我很难有这样的成就和价值，我宁愿受到影响。"这个理由听起来让人感到难过。现实生活的不如意似乎是投身于虚拟世界寻找认同感的主要原因。在虚拟世界中获得的是如潮水般的海量拥簇，在粉丝社群中还有众多鼓励和赞美，这种快感很容易让人在现实世界和虚拟世界间失去平衡。"我觉得我的心态还算好，我追完选秀之后会给自己一个强制冷静期，在这个阶段我会回归生活……我认识很多追星的朋友，他们因为追星生活受到巨大影响，但因为虚拟世界里巨大的成就感没办法脱离……"

投入精力，创造价值，获得认可，这是秀粉追选秀的完整逻辑链条。在节目结束后，一部分粉丝得到的赞许和拥簇足够支撑其继续走下去，另一部分粉丝则在脱离赛事紧张状态下失去大部分精神养料。

精神解脱

刚开始和 L 交谈时，她处于自我封闭状态，对过往的追星闭口不谈，主要理由是"受伤太深"。L 成为秀粉的心理驱动正与这段"追星情伤"相关，用粉圈语言来形容就是"房子塌了"。"我之前是不追选秀的，对韩国的选秀节目完全'不感冒'。选秀节目里的养成系感觉我在日常追星过程已经体验过了，因此那个时候选秀对我没有任何吸引力。"据 L 介绍，她之前疯狂迷恋的是一位养成系偶像，"小孩全面发展，性格、品行、长相样样都好，就是没想到能有塌房子这一天……"说到这里，L 依旧流露出无限的悲伤。从那之后，L 便成了"走马观花"的秀粉，她很少留恋某一节目中的特定偶像，欣赏群像成为她的新爱好，同时，选秀彻底成为她钟爱的一类综艺。"我就是把选秀当综艺真人秀来看的，我没觉得这是一场比赛。"秉持着这种态度，她看完了自 2018 年起内娱全部选秀节目。

"我在看选秀节目期间肯定是带真情实感的，但我不会再像以前那样不计回报地付出了。我也会做产出、参与粉丝集资、自己投投票什么的，但和我之前追星投入相比差很多。"选秀节目似乎成了她的重要精神寄托。"确实，追选秀会让我在一定程度上忘记痛苦。但这个阶段并没有持续很久，更准确的是，我在这一个过程中找到了生活和追星的平衡。"根据 L 的介绍，她在追选秀的这段日子里，将选秀节目作为生活的调剂品，在工作之余看看选秀节目补充激情和斗志。"我追选秀，主要是看群像，选手们在一起的情谊我很喜欢，CP、小团体的兄弟情我都嗑得很开心。"这种情感调剂给 L 的生活增添了很多乐趣，既不像以往追星占据了她生活的大半部分，也使她能在枯燥的工作之余获得精神慰藉。当被问及是否还会像以前一样满心满眼地喜欢某一位明星时，L 给出了异常坚定的否定回答："不可能了，我已经看透追星的本质了，什么都没有自己快乐重要。"

对于 L 来讲，当下追星的快乐来源就是群像感情，也就是嗑 CP、看选秀节目中选手们培养出来的感情。选秀节目中的竞争叙事和感情叙事很能吸引 L 这类秀粉。"我们能明显地感受到，××平台的选秀节目很明显更有故事性，会吸引一批忠实的××女孩，里面有很多经典镜头和感情线我们已经追了两年。相比之下，××平台的情感叙事会弱很多，选手们之间的情谊渲染明显不足。"例如，2018 年出品的节目《偶像练习生》的忠实粉丝就会自称"大厂女孩"；虽然已经过去三年多，但观众对节目选手的关注度和议论度居高不下，甚至，在特定的时间节点，还会有"大厂女孩"集体回看这档已经完结三年多的选秀节目。

快乐追星

另一位追星女孩 S 始终保持着"精神满足、快乐第一"的追星观。"我现在的快乐就很简单，精神得到满足就可以了。"根据 S 介绍，她曾经也是一名有着真情实感的追星粉丝。"我也算有过真情实感的，在小偶像选秀比赛期间参加集资、进打投组、参与控评，还在节目结束后跟了巡演……这种癫狂状态持续了大半年，有一天我突然醒悟：现在过的日子是不是有愧于父母对自己的栽培和期望？而且说实话已经有点情感耗竭了，突然有一天我就淡了。"对于这种奇特的感觉，S 无法言说，就像是长期自我催眠的人突然被喷了一脸凉水，一下子就醒了。追究根本原因，S 坦陈在追星活动中得到的正向反馈较少，团体融入是暂时的，很难获得长久且同一性的归属感。"这种感觉就是我短暂地融入了他们，但时间一久，我自己一回味，就发现我还是孤独的。我在那些群里好久不发言，也不会有人来问我最近怎么了。而且大家讨论的话题比较单一。"在群聊里，大家讨论的话题离不开偶像、粉圈、八卦，而且由于粉丝个体差异较大，S 很难和群友产生共鸣。时间久了，大家的聊天热情仿佛枯竭了一样，毕竟大家在现实生活中都需要工作或者上学。短期的新鲜感消退后，群聊温度骤降。

当被问及现在的追星状态时，S 表示自己非常享受当下，"享受时代给予的男色福利"。对偶像的真情实感已经变得寡淡，追星已经变成欣赏俊美艺人的歌舞作品，氪金、做数据、买代言已经变成过去式，S 会在空闲时间刷偶像唱跳视频，"看容貌极佳、唱跳实力不俗的偶像给自己表演节目，才是真正的快乐"。S 已经完全把追星等同于观赏歌舞，并把这一方式当作宣泄压力的有效途径。"现在再看看过去做过的事儿，觉得挺疯狂的。"当 S 回顾自己的追星经历时，她觉得羞愧，不想提及，"疯狂"和"不可理喻"是形容那段时光的关键词。"偶像艺人的薪酬是普通人无法企及的，但普通人却一直在花钱支持着他们的代言和电影。"在强烈的收入差异的对比下，散尽千金的追星行为就显得尤有讽刺意味。"我觉得现在的追星状态是最令我快乐的，我没有任何焦虑。以往，我还会为了偶像的学业、代言、影视资源焦虑，主要因为我在饭圈中，能感受到这个氛围，大家都蛮紧张的，我也不由自主地跟着紧张。但现在，我远离圈层，只会偶尔看看唱跳作品，看看日常更新的小视频，非常满足。"现实生活的压力是 S 做出如此追星行为的重要原因。走出校园后，生活的压力骤然加大，时间和精力都不允许 S 像以往一样自由地安排时间，这种推力将她从圈层中推出。

在访谈的过程中，S 坦言自己已经做到了追星和生活的完美平衡，在日常压力下"找糖"给工作带来了调和，追星变得平淡，进入一种细水长流的状态。S 也坦言，现在她对偶像的感觉变得异常纯粹，不再夹杂着焦虑和紧张，单纯地快乐追星让她在虚拟世界和现实世界里都能游刃有余、自由自在。

附录2
焦点小组访谈节选

焦点小组成员： 小然、毛毛、小悦、小路、小胡

本访谈已按照被访者要求对所有关键信息进行模糊处理，主要围绕粉丝在追星过程中的经历展开，讨论了日常工作、应援活动、对 CP 粉的看法、对偶像和粉丝之间距离的看法等内容。下文展示的是访谈实录的节选，主要包含了成为一名粉丝的心路历程、追星日常活动以及应援活动的准备和落实三部分内容。

主持人： 我们的第一部分就是先梳理一下粉丝的日常是什么样的和大家在追星的过程中做了哪些事儿。你们能想起来在他们刚出道的时候自己为他们做过什么吗？大家有参加过 2014 年音悦台的投票吗？

小然： 没有。其实我在 2013 年就已经喜欢他们了，但是我没有投票，觉得投票很麻烦。

毛毛：不想当女工。

小悦：我高中阶段的话就是看《快乐大本营》。我当时还坐过一夜火车去现场，应该是高二的时候。那应该是他们第一次上《快乐大本营》。

主持人：我觉得有很多人是因为《快乐大本营》才入的坑，你们是因为什么契机了解他们的呢？

小悦：就是视频吧！

毛毛：那时候，没什么事情，就看那种音乐排行榜网站。一开始就觉得三个小孩嘛，还挺可爱的，就去搜其他的。

小然：我当时的同桌还有前桌都挺喜欢他们的，觉得很可爱嘛，然后我看了他们拍 MV 的很多花絮，就觉得几个小孩子特别可爱。

主持人：感觉那个时候网上对他们的黑评特别多，大家受到过那些影响吗？

毛毛：没有，就是不骂我就可以了。

小悦：就是不骂我就可以了。

小然：我那时候上高中，就是偶尔看一下视频，也不看微博，就不怎么知道。

主持人：那等上了大学有了自己可以支配的金钱，一开始都为他们做了些什么？

小悦：发快递，就是发写真集快递。我朋友的东西放在我这儿，我帮她发。

主持人：最多的时候大概有多少？

小悦：没算过，那时候最多的时候也就卖 1 000 份出头吧。我朋友负责联系厂家什么的。

毛毛：应该就是在淘宝上订。

主持人：大家有没有线上打榜的经历？

小然：2015 年的时候有，就是微博打榜还有音悦台什么的。不过感觉这种打榜貌似没有什么特别的含金量。比如微博的亚洲新歌榜这种，就没什么特别的含金量了。

小路：我喜欢××是 2014 年年末，高三上学期快结束的时候。每周有几个小时的休息时间，用来追他们的一个节目，觉得蛮有意思的。那时候早上起床特别困难，因为确实是睡得不够，早上必须放××的《你和我》，当时特别喜欢，一直放到高考。当时是因为他们长得好看，被吸引，高三比较无聊，就会翻杂志，看到了步步高的广告，觉得很好看，就想了解一下。其实，我知道这个团的时间比这更早，当时是因为××生日上了热搜，看过去觉得都好小，不知道大家为什么会喜欢他们。但是突然间也觉得挺好看的，于是就开始当一个"妈妈粉"。我也看到过黑评，但是不太在意，没有太注意。那时候追星就是为了让自己心情更愉快一点。我记得我曾经还因为这个跟朋友生气过，当时聊到这个东西，一个朋友说他们没有实力，我就说人家都是小孩子嘛。我觉得我当时对他们非常宽容，如果其他人当面对我说他们不好的话，我肯定会非常不开心。

主持人：那大家有过这样的经历吗？就是有同学觉得他们不好，你就非常生气？

毛毛：不骂我就行了。

小路：高中时有。我们每个星期英语课上会有一次放英语歌的机会，有一次老师给了十分钟时间让我们放自己喜欢的歌，然后有个女生就很想放 ×× 的歌，全班都在听，后面的男生就很不喜欢，说是 ×× 男孩，那个女生就哭了。

主持人：那你们为什么觉得"不骂我就行"？

小悦：我比较佛系。

毛毛：你不可以骂我，但是你可以说他们。

小然：当时，我们有一个三人小圈子，就天天聊，但是我们没有影响过别人。就我们三个经常聊天。

主持人：随着你们进入大学，开始可以自己支配时间和金钱，追星上有了什么不同？

小悦：我上高中时会去看演唱会，有时还会请假。我当时确实心态不好，学习挺一般的，追了他们之后就觉得应该努力考个大学。

毛毛：我 2015 年时参加了 ×× 的生日会。当时是因为抽中了门票。

小路：当时还能抽中门票吗？

毛毛：当时还没有大火。

小悦：现在快乐很简单。

主持人：那为什么现在快乐变得这么简单？

小悦：因为现实太凄凉。因为太卑微。

主持人：你们当时去参加 ×× 生日会，家人和老师知道吗？

毛毛：当时我妈陪我去的。

小路：我一直没钱，这太现实了。我做的基本上就是支持杂志，支持代言，给学社整理东西，有时还会去参加生日会。

小然：我买过杂志，但是后来太多了，隔两天就是一本，买不过来。

主持人：那大家为什么会觉得需要买杂志呢？

小悦：要比拼。

毛毛：就是那些代言啊、节目组啊，都会看个人的数据嘛，销量肯定是评价的一部分。而且销量很难看的话，肯定会被别家的粉丝嘲笑。

主持人：随着年数的积累，有没有觉得做的事情越来越烧钱？

小路：其实就是根据你当时有没有钱来决定的。

主持人：大家为什么要看耽美小说呢？

毛毛：这不是大家都看吗？就是不追星也会看啊，其实很多人不追星也看。

小悦：就是把一个人代入进去，其实性格什么的都不太一样。

小悦：因为觉得这个人长得好看，把这个人的脸代入小说会很快乐。

小路：我不是这样的，我看小说不会代入某个人，我只是单纯喜欢看小说。××这个圈子当时有很多高手写的文很好看，然后就是看，没有代入某个人。我不喜欢具象化，可以自己想象，但延伸到现实中其实是不一样的。

小悦：作为一个追过××的人，你知道我最近有多难过吗？

我给 ×× 花的钱应该是追过一团之后最多的。追一团的时候也就高二高三，就没什么钱。就是打榜投票，有多少投多少，但也很少。大一的时候投过，但也就是演唱会之类的。我有着真情实感并投了钱的是 ××。

主持人：那大家现在能保证在做的是什么？

毛毛：只要是 ×× 代言的东西都会买，做做应援，参加活动就是去拍照。

小路：我觉得我现在虽然不那么狂热了，但 ×× 还是我最抱有好感的偶像，看见有人黑他我都会帮他申删反黑。我就对他一个人还有感情。

主持人：那大家在最疯狂的阶段做过哪些事儿呢？

小悦：跟机吧。

毛毛：她跟 ×× 去泰国。

小悦：跟到国外便宜啊，而且国外好追，福利也好。×× 去了国外就人很好。

毛毛：但是，日本那次人很多。日本那次太可怕了。

主持人：那你们坐头等舱跟机的话，他们真的会坐在你们旁边吗？

毛毛：×× 一般是坐最后最右那个，他助理就坐在他旁边，然后其他位置差不多都是粉丝。他戴着口罩睡觉。

主持人：你们会和他对话吗？会拍照吗？

小悦：我们怕他助理骂我们……

毛毛：不能拍照吧？

主持人：你们跟机的话是什么心态呢？

小悦 & 毛毛：就是为了拍照，为了在廊桥附近拍照。

毛毛：如果一个人跟机就不好玩，要跟朋友一起去。大家堵着他，不让他走。

小悦：标准越来越低，以前的话跟头等舱是要吃糖，现在能让我把廊桥拍完就算是吃糖了。

小悦：到后面，追现场有一起去的人就会比较开心。如果没有一起去的人就算了吧。

小路：追星本来就要一起去啊。

小悦：有的偶像追不下去就是因为碰不到同好。一个人追星很孤独，就放弃了。

小悦："孤狼追星"，就是一个人追，很惨的。

小路：我一个人追星追久了就会放弃，感觉没什么意思。

小悦：我当时搞不下去××，因为只有我一个人，全网没有十个人是××的粉丝。经常会追了上一个圈又追下一个圈，有时还会在新的圈子里碰到之前同样追不下去的人

小路：全网估计只有 300 人追星，哈哈哈。

主持人：一开始想要的糖是什么样的？

毛毛：一开始是写 To 签吧，写明是给谁的。

小悦：以前是跟机就给，现在是谁都不给。

毛毛：现在连普通签名都不会给。

小悦：给的，但 ×× 不给。

主持人：那大家会有讨厌他们的情况吗？

小路：有，自己骂完就好了。

小悦：别的圈有，这个圈没有，三个小孩还是蛮可爱的。搞别的圈的时候伤透了我的心。

主持人：大家还做过什么很疯狂的事情？

小然：我以前有过这样的经历：买了一张票，然后我都坐上火车了，结果跳票了，特别难过，最后在现场买了一张高价票。

毛毛：（指向小然）她都飞出国飞成金卡了，你觉得呢？

小悦：可能就是因为学习不好，所以选择去追星。那时候，同学不太爱和我讲话。我有一次追星在外面待了半个多月吧，我回去后我妈都不让我进门。后来就不敢出去这么久了，有时候上午去，下午就回。除了跟机，还有的就是看活动。

毛毛：有人就是两三个月不回去，就是住着，蹲在那里。

主持人：你们做过这种吗？就是跟住酒店？

小悦：我都是短期的。

主持人：那些住两三个月的是真的爱还是……？

小悦：没有爱，你跟着他，拍照卖写真集也能赚钱。

毛毛：那个谁就是卖写真集赚了 90 万。

小悦：这种就是给他们钱，让他们去追，有这个钱其实还不如自己去追。

主持人：你们有没有卖过照片？

毛毛：××的吗？没有，就是给站子，我在××站。就不卖啊。

主持人： 那 ×× 站子搞活动，都是站子自己出钱吗？

毛毛： 有那种在国外工作，四十多岁，很有钱，可以当妈的，把 ×× 当儿子。就几万这样吧，有几个人这样，比较有实力。就像养儿子那样，她们儿子就和 ×× 差不多大。

小悦： 有的站姐，就是像养儿子那样，你要什么就给你买什么，就是想让你好好当偶像。

毛毛： 真正愿意花钱的往往是不怎么经常见到的。

小悦： 那个姐们就长期在国外，根本见不到人，远程打钱。

主持人： 大家在追星的时候，除了微博还用过什么社交媒体？

毛毛： 微信。

小路： Lofter、兔区、豆瓣。

毛毛： 我一般只用微博和微信。

小然： 以前我喜欢用 Lofter，特别喜欢看文，但都是爱情小故事。

小胡： 之前会逛贴吧，大概是 2014 年的时候。

主持人： 那豆瓣呢？

毛毛： 豆瓣本身就属于少数人的嘛，如果有八卦、有黑评，就会去控评一下，但是普通粉丝很少去逛。

小胡： 其实每个追星的都会有一个 ×× 小组，组里面有人玩，但只是固定的玩豆瓣的人会玩。

主持人： 那大家有没有在微博上遇到能稳定交流的朋友呢？

毛毛 & 小然： 就是网友嘛，我俩就是，在代拍群里认识的，她和我借相机，然后就认识了，之后就一起追星。

主持人：那大家的信任程度是怎样的呢？在微博上认识，就真的会出去时住到一起什么的吗？

小然：网友还好，但是线下的朋友要注意。

主持人：为什么呢？

小然：就是会有那种追了很多次，然后倒过来骂你的。

主持人：那岂不是会很心寒？

小然：哎，就是没什么"姐妹情深"啊。

小悦：其实也就是聊一聊圈里的事，很少有聊日常生活的。

主持人：大家有没有和微博网友一起出去，然后住一间房的经历？

小然：还有睡一张床的呢。

小胡：我觉得拼房很正常啊，他们（偶像）住的酒店很贵。

毛毛：像我前几天在微博上就看到有人找人拼房，去泰国看××。

小胡：我们追捧粉也是一样，经常在微博上直接发帖问人要不要拼房。

毛毛：但是像××这种出道比较久的，大家都有固定的追星伙伴，就不用拼房了。

小胡：像追××这种就要拼房。

主持人：大家没有看过法制节目吗？为什么能突然对陌生人充满信任，难道是同样的感情和爱好让大家能这么信任对方？

小悦：其实也知道他们的目的。

毛毛：其实，我只跟两种人出去，一种是比较熟悉的，比如说一起在站子里做过事情的，另一种就是本来就在现实生活中认识的，比如说大学同学。我不会去网上找一个不认识的人。

小然：其实，我觉得安全是其次的，但尴尬是不能忍受的。

小胡：但是，追星这种事情真的会有危险吗？大家其实都是……你知道她是什么人。

小悦：要么就是虽然没有见过面，但已经在网上聊了很久的那种，概率会大一点。

毛毛：其实，也存在那种假装追星，然后骗你的人。

大家：啊，真的有啊？

毛毛：我听说过这种事情，比如住酒店，然后第二天钱都被偷走了，哦，就是××的粉丝。

小然：还有那种借钱追星然后不还的（后面，小然讲了一个借钱不还的故事）。

小悦：其实，每个圈子里都有被挂出来说借钱不还的。

小悦：还有大家在群里开玩笑，然后会有人突然截图退群再把截图发出来。如果是个"小透明"还好，直接骂过去就行，但是遇到那种稍微有点粉丝的，就比较麻烦。

小然：大家有时候在群里开玩笑，其实并没有恶意，但是有些人就会觉得对她们的偶像不敬。

小悦：她们是有选择性地截图，然后过几天在超话挂你。

主持人：大家都遇到过这种情况吗？

小胡：对对，大家都挺怕的。

主持人：大家都在哪里遇到过这种情况，微博还是微信？

小悦：微信，大家在微博上一般不怎么开玩笑。

小然：大家一般都在微博好友圈中开玩笑。

主持人：那大家在微博上的好友是怎么转移到微信上的呢，是在微博上聊得来就发私信吗？

小然：他关注我，我就关注他了。

毛毛：其实一般都是微信发展到微博，很少有微博发展到微信的。

主持人：那大家是怎么变成微信好友的呢，是在线下活动玩得比较好就加好友吗？

小胡：我是在微博上大家吃瓜的时候加了微信，之后再认识的一些人是从微信加的。反正，我觉得各种活动都有吧。

主持人：我总结一下追星行为啊，有投票打榜、应援、接机、拍图、参加一些组织。大家怎么看"数据女工"，就是那些负责微博控评、做数据之类的？

小悦：尊重。

小胡：这些活动我初中时会做，但是现在不会了。

小悦：虽然我不会做，但是我尊重这种行为。

主持人：那大家会有一种优越感吗？当可以见到真人的时候，但数据女工见得不是很频繁。

小然：不会，我都有点不想再见到他了，哈哈哈，开玩笑，看到他就会想到自己的钱包。

毛毛：肯定会有这种分工啊，有人去拍照，有人去做数据，我并没有觉得比别人高贵。

主持人：那大家对白嫖的态度呢？你们觉得真爱和白嫖有什么区别？

毛毛：我觉得做了数据就不算白嫖，只要有所贡献就不算吧。

主持人：那当有粉丝争端的时候，对于社群里"我花钱比你多就比你高贵，爱就比你多"之类的话，你们怎么看？

小胡：我觉得你要这么看，你追星就是为了自己快乐，你白嫖这件事情本身没什么问题，但是如果你白嫖还爱指手画脚，或者乱说话，爱出去惹事，那这就有问题了。

小悦：其实是那些没有花多少钱，还爱指手画脚的人令人讨厌。倒也没说谁比谁高贵。

主持人：好的，那我们来讨论下一个问题。我们说说生日应援和周年应援吧，大家有没有参加过应援的策划呢，比如说前期策划和准备？

毛毛：我今年和去年都做过。

小然：我只出过钱。

毛毛：其实，核心做事的只有 3~5 人，比如说今年确定了 4 个项目，然后每个人负责一个。

主持人：××站子的管理层有多少人呀，真正核心的那种？

毛毛：除了真正给钱的"金主爸爸"，只有 3~5 人。

主持人：只有 3~5 人来维持这个站子的运营，是吗？

毛毛：是的，加上那些给钱的"爸爸"，在站子真正核心的就有 10 人左右，大家有什么事情就会在微信群里讨论。

主持人：你是只给钱是吧？

小然：我是和另外一个朋友各出一半。

主持人：是什么样的活动呢？

小然：就是地铁站和解放碑大屏应援那种。

主持人：大家是怎么办这些活动的，是通过中介还是其他？

小然：中介收费好高啊。我当时在重庆，然后直接加了广告商的微信。你不用再倒两道手，那样还麻烦。

毛毛：怎么说呢，我们今年是和 ×× 合作，就到处找 ×× 的联系渠道、微博之类的。今年我们是通过郑州的总代理找到了上海的总代理，其中过程还是挺曲折的，关键还是渠道难找。

主持人：×× 的应援会和其他两家比较吗，就是别人做过的我们就不再做？

毛毛：嗯嗯，会的。

主持人：小胡，你在生日应援期间有做过什么吗？

小胡：没有，那时候我处在底层，看不惯连续不断的谩骂，后来就取关了所有参与谩骂的人，只留了几个图站，默默地追了两年。

主持人：那大家参加过和应援相关的活动吗，比如到现场举荧光棒、灯牌之类的？

小然：举过我的小手机。

毛毛：我第一年举过灯牌，后面几次都是去拍照。第一次我举着灯牌，被 ×× 的两个粉丝夹击。

主持人：大家觉得自己做这些事情（举灯牌）有价值吗？

小胡：好累……

主持人：那大家觉得是累多一点，还是价值多一点？

毛毛：都有，唯一没有快乐。

主持人：啊！没有快乐？那是什么支撑着你走过来的？

小胡：看他本身这件事情是快乐的，但举这个东西本身是不快乐的。人多一些，他在网上就少被黑一点。

小胡：现场的人举灯牌就是为了给网上比拼的人一点底气，看看谁的支持者多。

主持人：大家追了很多年，也花了很多钱，那现在是累多一点还是快乐多一点呢？

小悦：看淡了一点。

小然：朋友多一点。

主持人：那支撑着你们一路走过来的，是对他们的爱还是朋友？

毛毛：那肯定是对他们的爱啊。

小然：我觉得是朋友吧。当时追××，到最后一点爱都没有了，我那群朋友还特地来北京，我还和他们一起去重庆，没想到最后我们还是闹掰了。

主持人：那是不是心很痛，再也不相信姐妹情了？

小然：哎，后来一批喜欢××的素质就很差了。

主持人：那毛毛呢，现在一直支撑着你追下去的还是爱吗？

毛毛：嗯，还是喜欢××。

主持人：你没有看过××之类的选秀节目？

毛毛：看过啊，我也喜欢过别人，我还去看了××的总决赛呢，不过只是墙头粉。

主持人： 那你是会分得很清楚吗，"本命"和"墙头"的关系？

毛毛： 我感觉很多像××（墙头），当时看节目的时候会很喜欢，但是当了解更多的信息之后就不喜欢了。

小悦： 厂内料多，很容易脱坑。

小然： 我觉得实力不行。除了换衣服，其他啥都不会。

小胡： 关闭选秀滤镜，他们的实力真的很差。你去追韩团之后就会发现根本不是一个水平的，而且他们的粉丝还见不得你夸韩团，你不能说他们不行，但是他们本身就不行。

主持人： 大家对哪些生日应援还有印象？

小然： 放卫星那个吧。

小悦： 放卫星那个说了很多年了，但到现在有的媒体写通稿还是会说。还有那个土耳其的热气球之类的。

主持人： 那大家觉得这些很惊艳的应援有什么意义呢？是给普通路人看的吗？

小悦： 了不起。

毛毛： 有面子。

主持人： 是不是想让路人觉得他们很厉害呀？

小胡： 是粉丝之间的比拼，他们也会看呀。

小悦： 对啊，一个是粉圈的比拼，还有一个是偶像知道后可能会很开心。

主持人： 你们说这些生日应援他们真的会知道吗？

毛毛：你是说明星本人吗？会知道啊，他们自己也会上网啊。

主持人：那这些应援的实际意义大不大，比如对提高他们的知名度？

小然：还行吧，现在我妈坐地铁看见 ×× 都会给我拍照。

毛毛：现在大家都往国外做，但是其实国外没什么人认识……

主持人：现在生日应援的趋势是往国外做吗？

小悦：对啊，只是说起来高大上一点，其实没什么用。

毛毛：因为大家都不认识嘛，再说 ×× 在这一阶段也不太需要向路人宣传，他们的知名度已经有了。

主持人：几年前做生日应援可能是为了提高知名度，那现在呢？是为了队内比拼吗？

小胡：不要再放在队内比了……

毛毛：现在有一部分是宣传，×× 的粉丝现在在做公益嘛，去年 ×× 工作室只点赞了做公益的，传统应援做得很大也不点赞。

小胡：而且现在也不倡导原来那种应援方式了……

小悦：另外，那些老牌的站子每年都挺厉害的，今年如果不做，大家会想你在干吗。

主持人：所以，现在应援方向都偏向公益。那大家是怎么感觉到这个变化的呢？是经纪公司不授权吗？

毛毛：是经纪公司会跟后援会强调不要弄这种奢侈的。

小胡：其实，主流导向大家不都能感觉到吗？

主持人：那可以和经纪公司联系的就只有官方后援会吗？

毛毛：你可以私下联系啊。

主持人：但票的话还是由后援会给站子。

毛毛：周年活动是公司打电话给站子的负责人。

主持人：那也没有通过官方后援会啊。

小胡：皇后嘛，虽然没有宠爱，但还是要放一个在那里。

小然：他先把基础名单报上去，然后让公司来选。

主持人：参加过生日应援的小伙伴能说一下应援流程大概是什么样子的吗？是你们自己站内策划，然后跟进？

毛毛：我觉得最重要的就是找渠道吧，然后跟那边谈，最后签约。你要获得公司的授权，做大屏广告就和广告公司谈，和公司合作就签合作协议，之后就是准备物料和设计图之类的，等着后期落地。

图书在版编目（CIP）数据

孤岛狂欢：网络空间的粉丝文化 / 李彤著 . -- 北京：中国人民大学出版社，2022.5
ISBN 978-7-300-30457-1

Ⅰ.①孤… Ⅱ.①李… Ⅲ.①互联网络—社会问题—研究 Ⅳ.①C913.4

中国版本图书馆 CIP 数据核字（2022）第 050203 号

孤岛狂欢

网络空间的粉丝文化

李 彤 著

Gudao Kuanghuan

出版发行	中国人民大学出版社	
社 址	北京中关村大街 31 号	**邮政编码** 100080
电 话	010 - 62511242（总编室）	010 - 62511770（质管部）
	010 - 82501766（邮购部）	010 - 62514148（门市部）
	010 - 62515195（发行公司）	010 - 62515275（盗版举报）
网 址	http:// www. crup. com. cn	
经 销	新华书店	
印 刷	北京宏伟双华印刷有限公司	
规 格	148 mm × 210 mm 32 开本	**版 次** 2022 年 5 月第 1 版
印 张	8.625	**印 次** 2022 年 5 月第 1 次印刷
字 数	177 000	**定 价** 59.00 元